O EXECUTIVO EMPREENDEDOR

caminhos para o sucesso em um
mercado digital e disruptivo

Editora Appris Ltda.
1.ª Edição - Copyright© 2024 do autor
Direitos de Edição Reservados à Editora Appris Ltda.

Nenhuma parte desta obra poderá ser utilizada indevidamente, sem estar de acordo com a Lei nº 9.610/98. Se incorreções forem encontradas, serão de exclusiva responsabilidade de seus organizadores. Foi realizado o Depósito Legal na Fundação Biblioteca Nacional, de acordo com as Leis nos 10.994, de 14/12/2004, e 12.192, de 14/01/2010.

Catalogação na Fonte
Elaborado por: Dayanne Leal Souza
Bibliotecária CRB 9/2162

M337e 2024	Marin, Mozart O executivo empreendedor: caminhos para o sucesso em um mercado digital e disruptivo / Mozart Marin. – 1. ed. – Curitiba: Appris, 2024. 118 p. ; 21 cm. ISBN 978-65-250-6645-5 1. Empreendedorismo. 2. Tecnologia. 3. Marketing. I. Marin, Mozart. II. Título. CDD – 658.8

Appris *editora*

Editora e Livraria Appris Ltda.
Av. Manoel Ribas, 2265 – Mercês
Curitiba/PR – CEP: 80810-002
Tel. (41) 3156 - 4731
www.editoraappris.com.br

Printed in Brazil
Impresso no Brasil

Mozart Marin

O EXECUTIVO EMPREENDEDOR
caminhos para o sucesso em um mercado
digital e disruptivo

artêra
editorial
Curitiba, PR
2024

FICHA TÉCNICA

EDITORIAL	Augusto V. de A. Coelho
	Sara C. de Andrade Coelho
COMITÊ EDITORIAL	Marli Caetano
	Andréa Barbosa Gouveia - UFPR
	Edmeire C. Pereira - UFPR
	Iraneide da Silva - UFC
	Jacques de Lima Ferreira - UP
SUPERVISOR DA PRODUÇÃO	Renata C. Lopes
PRODUÇÃO EDITORIAL	Sabrina Costa
REVISÃO	J. Vanderlei
DIAGRAMAÇÃO	Amélia Lopes
CAPA	Eneo Lage
REVISÃO DE PROVA	Sabrina Costa

Agradeço, em primeiro lugar, a Deus, por iluminar meu caminho e me dar forças para trilhar essa jornada.

À minha esposa, Priscila Marin, minha companheira de vida e fonte de força e amor incondicional.

Às minhas filhas Julia Marin e Bruna Marin, que são minha maior motivação e orgulho.

Aos meus pais, Alcides Marin e Benedicta Fontainha Marin, e à minha irmã, Elaine Cristina Fontainha Marin, por todo amor, apoio e os valores que me ensinaram, que são a base de tudo o que sou.

E ao universo da Tecnologia da Informação – mestres, professores, amigos e colegas – que enriqueceram minha trajetória e me ajudaram a chegar até aqui.

Com eterna gratidão, dedico este livro a todos vocês.

PREFÁCIO

É sempre instigante falar e refletir sobre jornadas empreendedoras, principalmente considerando o atual momento da sociedade onde a acessibilidade – no seu sentido literal, bem como a facilidade na aproximação entre marcas, empreendedores e os consumidores finais, tem se tornado cada vez mais peça fundamental na solidificação do relacionamento entre empresa e cliente, iniciativas como este projeto que você tem agora em mãos tornam-se fundamentais.

Isso porque nunca foi tão necessário abordarmos as questões que envolvem o empreendedorismo com base nas transformações exponenciais nas quais estamos vivenciando, de forma direta e consciente como você terá acesso nas próximas páginas.

E é justamente neste processo de transição e aceitação, onde entender que não existe mais espaço no mercado para o "velho mundo" é o primeiro passo para caminhar rumo a assumir o protagonismo para desenvolver ações e estratégias que estejam alinhadas com a nova economia (leia-se mercado disruptivo), que obras como essa se fazem necessárias.

Aproveito para fazer, ainda, um alerta importante. Em meio a este processo, é claro que o que não falta são especialistas de diversas áreas de conhecimento que tentam por meio dos seus métodos "adivinhar" ou prever o que está por vir em curto e médio prazo. E este exercício de futurologia, ou seja, tratar das possibilidades futuras, levando em conta tendências manifestadas no presente com base no conjunto de estudos que especulam sobre a evolução da técnica, da tecnologia, da ciência, da economia, do plano social, com vistas à previsão do futuro, passa – inevitavelmente, pela certeza de que, de fato, algumas mudanças (as principais) são irreversíveis. Por isso, esteja atento às suas fontes: onde e como você busca informações influenciará diretamente em seus resultados. E o fato de estar com este livro aberto agora me deixa mais tranquilo!

O fato é que novos padrões não são estabelecidos assim da noite para o dia e muito menos significa dizer que tudo que pertence ao "velho" conceito não faça mais sentido. Assim, a transição de produtos para serviços, a tecnologia, a colaboração, o valor do usuário (ou consumidor) e a velocidade de escala cada vez maior e abrangente, tudo isso junto poderia caracterizar uma nova economia. Mas olha que interessante, ao mesmo tempo, se observarmos por este viés, empresas que foram criadas da década de 90 para cá se enquadram neste perfil... Mas elas foram criadas no século passado, ou seja, o que é novo na nova economia?

A meu ver, todos temos que aprender a ser essa nova economia. O que isso quer dizer? Basicamente que devemos colocar de agora em diante a tecnologia e a inovação a serviço da criação de uma nova consciência em escala, capaz de pôr em prática novos modelos de negócio, novos modos de trabalho, novos modelos operacionais, novos modelos de distribuição, novos modos de produção, novas redes, novas cadeias de valor, novas formas de entender o que é resultado, novas formas de cobrar e novas formas de se relacionar.

Logo, os desafios dos empreendedores são, entre outras coisas, a criação de marcas que se adaptem às mudanças no negócio sem que ocorra a perda de sua essência, preservando assim o seu propósito e autenticidade. Em um mundo atual marcado por incertezas e os mais diversos questionamentos sobre tudo, a palavra que pode ajudar a definir a nova economia é a disrupção, que tem como base um rompimento com o velho mercado e a abertura para o novo, mais tecnológico, flexível e prático.

Mais do que nunca, vivemos em um mundo V.U.C.A: Volátil, Incerto, Complexo e Ambíguo. As soluções digitais já mudaram a vida e os hábitos das pessoas, e a transformação digital de que falamos há anos, finalmente chegou não como opção, mas como única via. Do varejo ao delivery de comida; das reuniões de negócios às tarefas escolares. Todas as marcas e seus respectivos empreendedores terão que se adaptar a essas novas expectativas para darem significado real a sua jornada empreendedora.

O desafio, pensando em médio prazo, não tem a ver com o que esperar do futuro. Mas o ponto é quão preparado você está para reagir de forma rápida e precisa quando for necessário para se adaptar às transformações que ainda estão por vir e seguir adiante sem perder o seu foco e propósito.

João Kepler

@joaokepler é o maior investidor-anjo do Brasil, premiado 4x pelo Startup Awards, palestrante e autor brasileiro best-seller, conhecido por sua expertise no ecossistema de startups e no mercado de investimentos. CVO da Bossanova Investimentos, que realizou mais de 2.000 investimentos em startups nos últimos anos. É Escritor, Educador, Anjo-investidor, Conferencista, Apresentador do Programa PIVOTANDO no SBT News e Pai de empreendedores; Especialista na relação empreendedor-investidor, Nova Economia, Equity, Startups e Negócios Inovadores, foi premiado por 4x como o Melhor Investidor Anjo do Brasil pelo Startup Awards; Premiado pelo iBest como Top #1 do Brasil em Economia e Negócios; CVO da Bossa Invest - Venture Capital; CEO da Equity Fund - Private Equity; Board Member da Non Stop Produções e SME The New Education; Conselheiro de Empresas e Entidades; Autor de 10 livros, entre eles os best-sellers: Smart Money; Gestão Ágil; Se Vira, Moleque; O Poder do Equity; Inevitável; *e o mais recente,* O Ponto Cego Empresarial.

SUMÁRIO

INTRODUÇÃO
TUDO ESTÁ MUDANDO. E VOCÊ, TAMBÉM! 15

PARTE I

A CONSTRUÇÃO DAS NOVAS TRAJETÓRIAS EMPREENDEDORAS

CAPÍTULO I
O VELHO NÃO SERVE MAIS E O NOVO AINDA ASSUSTA - SOBRE A CORAGEM DE DAR O PRIMEIRO PASSO 24

CAPÍTULO II
SE JOGANDO NA MATRIX: O PIONEIRISMO DOS EMPREENDEDORES DO NOVO MERCADO 28

CAPÍTULO III
COM O PÉ EM DOIS BOTES E QUEBRANDO MITOS DO EMPREENDEDORISMO 33

CAPÍTULO IV
BUSCANDO NOVOS SKILLS E VALORIZANDO O LEGADO DE UMA VIDA EXECUTIVA 39

CAPÍTULO V
SOBRE OS OMBROS DE GIGANTES: INSPIRAÇÃO, COLABORAÇÃO DEDICAÇÃO 44

CAPÍTULO VI
FAZENDO A VOLTA COMPLETA NA CHAVE DO
EMPREENDEDORISMO 49

CAPÍTULO VII
SKIN IN THE GAME: SOBRE ERRAR, ACERTAR
E JAMAIS DESISTIR... 55

PARTE II

INSIGHTS SOBRE O NOVO MERCADO

CAPÍTULO VIII
A AGILIDADE COMO FORÇA-MOTRIZ: SOBRE STARTUPS,
SCALE-UPS E COMPANHIAS DISRUPTIVAS 67

CAPÍTULO IX
OS NOVOS MOTORES DE CRESCIMENTO DAS EMPRESAS
INOVADORAS: GROWTH MARKETING EM UM MERCADO
GUIADO POR DADOS 73

CAPÍTULO X
UMA VIAGEM PELA ERA DAS ORGANIZAÇÕES
EXPONENCIAIS E A ESCOLHA DAS ZEBRAS........................ 80

CAPÍTULO XI
SEPARANDO A ESPUMA DA REALIDADE 86

CAPÍTULO XII
A QUEBRA DOS MUROS: AS ESTRUTURAS
ORGANIZACIONAIS E OS MODELOS DE TRABALHO
DO PRESENTE E DO FUTURO.. 91

CAPÍTULO XIII
A DEMOCRATIZAÇÃO DA TECNOLOGIA E AS NOVAS
POSSIBILIDADES DO MERCADO 95

CAPÍTULO XIV
SINGULARITY E A LIDERANÇA CONSCIENTE.. 99

CAPÍTULO XV
THE GREAT BEYOND: UM OLHAR PARA O FUTURO 102

CAPÍTULO XVI
A REVOLUÇÃO DA INTELIGÊNCIA ARTIFICIAL – O BOOM QUE
ESTÁ TRANSFORMANDO TUDO.. 107

CONCLUSÃO
BE BOLD: ESTEJA PRONTO PARA ASSUMIR SEU DESTINO....... 112

POSFÁCIO 115

INTRODUÇÃO

TUDO ESTÁ MUDANDO. E VOCÊ, TAMBÉM!

Nada é permanente, exceto a mudança.
(Heráclito de Éfeso)

A tecnologia está tão imersa em nosso cotidiano que nós nem sequer paramos mais para pensar em o quanto nossa vida se transformou ao longo dos últimos anos no tocante à forma como nos relacionamos, consumimos informação, trabalhamos e aproveitamos horas de lazer com amigos, seja sozinho ou com nossos familiares.

Experimente fazer esse exercício: quantas vezes, por exemplo, você checou seu smartphone hoje para ler notícias, ouvir músicas ou um novo podcast, interagir nas redes sociais, verificar e-mails do trabalho, acessar um aplicativo de gerenciamento de tarefas, fazer uma transação em sua conta bancária, relaxar com algum game, marcar uma consulta, melhorar a qualidade de sua dieta, realizar uma atividade física, reforçar um novo *skill* ou aprender um idioma?

Basta dedicarmos alguns minutos a essa simples reflexão para percebermos o fato de que nosso dia a dia – e, em última instância, a própria forma como organizamos nossas existências na sociedade contemporânea – depende, em grande parte, de uma rede interconectada de dispositivos inteligentes que, ao mesmo tempo em que criam soluções até pouco tempo inimagináveis para as nossas mais diversas atividades cotidianas, geram também novas demandas para um ser humano mais exigente, criterioso e submergido em uma realidade plenamente digitalizada.

E novas demandas são sinônimos de novas oportunidades que, por sua vez, abrem espaço para novos negócios e novos perfis de empreendedores ágeis, prontos para transformar uma ideia disruptiva na corrida pela criação pelo mais novo unicórnio que ditará as tendências de um segmento no Brasil e (porque não?) no mundo.

O propósito deste livro é, justamente, o de traçar um Raio X das jornadas empreendedoras dentro de uma sociedade fluida e de um ambiente mercadológico hiperconectado, guiado por uma confluência exponencial de dados e informações. Fato é que estamos prestes a ultrapassar os limites do físico e do virtual e seguimos, incessantemente, à procura da próxima inovação que será capaz de trazer novos paradigmas para as relações econômicas e sociais.

Assim, em um primeiro momento, o que proponho é a apresentação de um mapa para aqueles que desejam empreender nesse universo desafiador de transformações, oportunidades, mas, como em todo cenário que está se construindo, de incertezas.

E essa rota para a abertura de caminhos vale tanto para jovens empresários que já nasceram dentro de um ecossistema de negócios e soluções tecnológicas – os chamados nativos digitais – quanto para executivos que estão planejando uma transição de carreira e desejam se aprofundar nas características desse novo e instigante mercado.

E aqui vale abrir um parêntese para lhe contar um pouco mais de minha história – e de como eu mesmo trilhei, em minha vida profissional, esse processo de transição de uma vida executiva para uma vida empreendedora.

Durante mais de vinte anos de minha carreira, acumulei posições *C-Level* em grandes companhias nacionais e multinacionais do mercado de tecnologia até iniciar, em meados de 2015, um processo de imersão no mercado de startups, scale-ups e do empreendedorismo em si – inicialmente como investidor e mentor de negócios digitais até me tornar, propriamente, sócio de diferentes empresas.

Em outras palavras: a filosofia que perpassa esse livro é fruto de pesquisa, acompanhamento contínuo do mercado, mas, sobretudo, da experiência de quem viveu e vive na pele os desafios, angústias e alegrias de empreender em um ambiente de negócios no qual a única certeza é de que tudo é mutável.

Aliás, a própria ideia de emprego e de um mercado de trabalho tradicional vive um processo claro de quebra de paradigmas. Com o avanço das novas tecnologias de gestão de projetos, ferramentas de comunicação ágeis e o próprio contexto de um mercado mais colaborativo e globalizado, a quebra dos limites dos escritórios era apenas uma questão de tempo. Um estudo da consultoria Robert Half divulgado em 2021 apontou, por exemplo, que o modelo work from everywhere (trabalhe de qualquer lugar) seguirá como uma tendência sólida, bem como, a busca por skills analíticos e pelo domínio de indústrias de tecnologia, e-business e serviços financeiros (que hoje, como sabemos, é fortemente baseada na inovação).

Além disso, a percepção de que, ao abraçarmos uma carreira executiva, minimizamos os riscos que fazem parte de uma vida empreendedora, não é só obsoleta, mas errônea. Primeiro porque no avançar de uma carreira temos de competir com profissionais mais jovens, cheios de ímpeto e ideias transformadoras e, segundo, porque os melhores líderes – independentemente da faixa etária – são sempre aqueles capazes de assumir riscos, de desenvolver novos projetos, de estimular o crescimento de suas equipes e, principalmente, que estão dispostos a implementar mudanças de modo que as empresas onde atuam não percam a relevância diante de um mercado cada vez mais dinâmico e disruptivo.

O ensaísta líbano-americano, Nassim Nicholas Taleb, resumiu muito bem esse contexto ao afirmar que *a incerteza é algo presente, desejável e necessária para a evolução*. Afinal de contas, quando nos desafiamos, saímos de nossas zonas de conforto em busca do aprimoramento e à procura dos elementos necessários para que conquistemos nossos objetivos.

Dito isso, após a análise do caminho dos empreendedores que estão colocando a pele em jogo (skin in the game) no ambiente de negócios atual, os objetivos da segunda parte do livro envolvem, justamente, a análise dos pilares desse novo mercado e as tendências que podem se descortinar em um futuro ainda mais transformador.

Nesse sentido, analisaremos, juntos, o movimento das startups e sua influência no mercado contemporâneo; as novas formas de trabalho e a formação de equipes de excelência em um mundo híbrido; o papel da democratização da tecnologia para a abertura de oportunidades e construção de negócios ágeis e enxutos; e como os líderes do ecossistema de inovação podem contribuir para a difusão de valores positivos na sociedade.

De pronto, é importante que você tenha em mente que nenhuma inovação ou jornada empreendedora se constrói do dia para a noite: das garagens do Vale do Silício às grandes organizações exponenciais, tudo é fruto de muito trabalho, planejamento, criatividade, estudo e atitude.

Além disso, nunca é demais reforçar que podemos tentar, em vão, lutar contra a mudança ou aprender com o novo que surge a cada dia e com o fato de que, queiramos ou não, nós também vivemos um processo contínuo de transformação.

Você está pronto para construir uma jornada de protagonismo e *abraçar a incerteza como um impulso para o sucesso?*

PARTE I

A CONSTRUÇÃO DAS NOVAS TRAJETÓRIAS EMPREENDEDORAS

Uma pessoa que nunca errou, nunca tentou algo novo.
(Albert Einstein)

O empreendedorismo não é uma receita de bolo. Certamente, você já deve ter ouvido histórias – seja em sua vida pessoal, em conversas nas empresas por onde passou ou em livros e veículos especializados de negócios – sobre pessoas que abriram uma empresa já na juventude, outros que resolveram empreender após longas carreiras como executivos e aqueles que, simplesmente, foram convidados a embarcar como sócios em uma companhia já estabelecida.

Há aqueles que empreendem por necessidade, por paixão, pela identificação de uma oportunidade de mercado. Temos exemplos de empreendedores que começaram do zero, que venderam seu carro ou adiaram a compra de uma casa para tirar do papel o sonho de um negócio próprio. E, do mesmo modo que na vida, temos perfis de liderança mais conservadores, que preferem investir em marcas reconhecidas por meio de uma franquia ou segmentos e modelos tradicionais de empresas, enquanto outros estão navegando no universo de transformações das startups e dos negócios digitais.

Sim, como diz o velho ditado, muitos caminhos levam a Roma (ou ao Vale do Silício), mas o fato é que, para entendermos e nos destacarmos diante dos desafios do mercado atual – que analisaremos com detalhes ao longo dos próximos capítulos – nada mais justo do que buscarmos compreender o perfil dos empreendedores que já conquistaram seu lugar ao sol dentro da nova dinâmica dos negócios globais.

E esse é um dos objetivos iniciais da primeira parte deste livro. Primeiramente, trarei para você algumas das principais peculiaridades do mercado contemporâneo, um mercado que vive um complexo, instigante e profundo processo de transição, no qual, em muitos momentos, é preciso força e resiliência para navegar por águas desconhecidas ou pouco exploradas. No segundo capítulo, discutiremos, justamente, o perfil dos empreendedores que se aventuram neste novo ambiente de negócios, com especial atenção para o contexto das empresas digitais e para os paradigmas do ecossistema de inovação.

Os capítulos III e IV são reservados para dar orientações, com base em minha experiência, para aqueles que estão desenhando um processo de transição de carreira e pretendem migrar de uma vida executiva para uma vida empreendedora. Quais os principais pontos que devem ser planejados? O que empreendedores podem aprender com executivos (e vice-versa)? Qual a hora certa de dar o primeiro passo?

E aqui vale uma observação: não importa qual tenha sido o seu caminho enquanto empreendedor, os capítulos do livro contém uma série de insights ricos sobre liderança, gestão de carreira e investigação de oportunidades mercadológicas no meio digital que, tenho certeza, serão úteis independentemente de sua história. Esse trecho também será fundamental para demolirmos, em conjunto, alguns mitos que ainda rondam o meio empresarial brasileiro: do falso paradigma da idade para se empreender à ideia errônea de que só conseguimos abrir um negócio com um volume imenso de capital.

Dando continuidade, o capítulo V destaca o papel da colaboração no universo empresarial e como podemos extrair estímulos positivos a partir do exemplo de outros empreendedores de sucesso, de novas leituras, de networking, da troca de conhecimentos e da dedicação constante à renovação de nosso mindset.

Esse é um dos meus trechos favoritos do livro, pois aborda o papel da abertura para o novo, de como podemos nos motivar diariamente a partir das mais diversas fontes de sabedoria e parte da constatação de que, para pensarmos, de fato, fora da caixa, precisamos ir além dos manuais tradicionais de gestão e encontrar inspiração na vida, na arte e nos ambientes sociais que nos rodeiam.

No penúltimo capítulo deste primeiro trecho que aborda a construção das novas trajetórias empreendedoras, falarei sobre a realidade daqueles que conseguiram dar o start em sua jornada no mundo dos negócios, buscando responder questões, como: quais são os pilares de gestão do novo mercado? Como formar as melhores equipes em minha empresa? Como fazer mais com menos? De que modo captar investimentos? Como escolher o modelo de negócios mais adequado para minha empresa? O que define um negócio de sucesso atualmente?

Esse trecho faz também um comparativo entre negócios que foram hábeis para explorar lacunas mercadológicas e se tornaram os novos unicórnios de seus setores, aqueles que souberam se reinventar diante de desafios e os que se tornaram obsoletos dentro da nova realidade de empresas disruptivas.

Afinal de contas, assim como ao estudarmos características de empreendedores de sucesso podemos mapear as virtudes que precisamos trabalhar e os skills que merecem ser reforçados, quando paramos para olhar nosso entorno e analisamos o sucesso (ou fracasso) de startups e companhias tradicionais, temos mais chances de evitar erros comuns e construir nosso próprio *caminho das pedras*.

Finalmente, no sétimo e último capítulo desse primeiro bloco, exploramos o conceito de skin in the game (pele em jogo), do pensador e matemático Nassim Taleb, para reforçar a importância de assumirmos riscos em nossas caminhadas no mundo dos negócios, utilizando-os como molas para nosso crescimento pessoal, profissional e financeiro.

Fato é que, a despeito do caminho que você escolheu seguir para abrir as portas do empreendedorismo na sua vida, é preciso estar sempre pronto para se arriscar de verdade, continuamente e inclusive para falhar, extraindo aprendizados que lhe tornarão mais forte e antifrágil.

Nesse sentido, neste livro você verá as novas perspectivas que crescem no mercado a respeito da forma de encararmos os "erros"; como eles são importantes dentro de um processo de inovação e como estas novas metodologias estão contribuindo para a formação de lideranças e equipes mais criativas – e, consequentemente, com a velocidade do surgimento de inovações no mercado.

Tenho plena convicção de que, ao final dessa leitura, você terá mais insumos para correr atrás de seus sonhos com método, planejamento e inspiração. O primeiro (e mais importante passo), você já deu: buscar conhecimento. E esse é um dos pressupostos da filosofia deste livro, pois, para sairmos de nossas zonas de conforto, temos de ter a coragem de abrir mão de nossas certezas, de mergulhar à procura de novos saberes e de enxergar a vida com olhos de curiosidade.

É hora de imergirmos em uma jornada de mudança e de abraçarmos o desconhecido que move as empresas e as mentes inovadoras.

CAPÍTULO I

O VELHO NÃO SERVE MAIS E O NOVO AINDA ASSUSTA - SOBRE A CORAGEM DE DAR O PRIMEIRO PASSO

> *Se você não está disposto a arriscar,*
> *esteja disposto a uma vida comum.*
> (Jim Rohn)

    Todo processo de grande transformação gera um misto de temor e expectativa a respeito das novas realidades que vão se descortinando diante de nossos olhos e com as quais, só ao longo do tempo, vamos nos familiarizando a ponto de sequer notarmos que algum dia elas não existiram e que são resultado do esforço de mulheres e homens que ousaram criar o futuro – e que geralmente são tidos como loucos!

    Há inúmeros exemplos nesse sentido ao longo da história. Se hoje a aviação comercial é considerada indispensável para a vida contemporânea e sequer paramos para pensar no fato incrível de que uma viagem do Brasil até, digamos, Hong Kong, se transcorra no espaço de algumas horas, imagine como deviam se sentir os contemporâneos de Santos Dumont ao se deparar com o espírito aventureiro do inventor que mudou o curso da história – não por acaso, uma de suas mais famosas biografias foi batizada de *Asas da Loucura*.

    Nicolau Copérnico – o pai da teoria heliocêntrica que explica que a terra não está fixa no centro do universo – teve de negar suas ideias sob risco de ser morto pelos tribunais da inquisição. Até o cinema, a sétima arte, no início de sua história, causou pânico naqueles que puderam acompanhar o filme dos Irmãos Lumière, "A chegada do trem na estação" – documentário de 1896 – com os espectadores apavorados diante da possibilidade de serem atropelados pela locomotiva que parecia querer mover-se diretamente para fora da tela do cinema.

A recusa ao risco e o medo do desconhecido explicam, em parte, a dificuldade que temos de encarar o novo e nos abrirmos para novas possibilidades. E esses sentimentos, sem dúvidas, estão presentes na construção de uma carreira ou na escolha por uma jornada empreendedora – mas isso não nos impede de desejar a mudança!

Em 2013, uma pesquisa da Pactive Consultoria apontou que 58% dos brasileiros já ansiou por uma mudança de carreira, enquanto a Survey Monkey relatou em levantamento de 2020 que 9 em cada 10 brasileiros diziam estar insatisfeitos com seus trabalhos atuais. A questão mais óbvia diante desses dados seria: o que impediu esses profissionais de seguir por uma nova rota e sair de uma *zona de conforto que em nada conforta?* E, indo mais além, qual a dificuldade em dar o próximo passo?

No estudo da Pactive, os principais empecilhos apontados foram, respectivamente: o próprio medo de arriscar, seguido da incerteza sobre o que se deseja fazer e, por fim, falta de qualificação. E aqui é importante não subestimarmos as preocupações e receios que podem ser enfrentados em um processo de mudança, afinal de contas, todos nós temos compromissos (financeiros, familiares, objetivos pessoais) e fazemos escolhas que, sim, podem ser afetadas dentro de um movimento que requer tempo e envolve uma série de etapas que teremos a oportunidade de analisar juntos em um capítulo posterior.

Aliás, ao considerarmos a escolha pelo empreendedorismo, esses riscos costumam se maximizar. Incertezas econômicas, ambiente fiscal complexo, um mercado cada vez mais competitivo, falta de mão de obra qualificada, necessidade de capital para investimento... Agora você deve estar se perguntando: mas esse não é um livro que oferece insights para quem deseja empreender dentro do novo mercado digital? Sem dúvidas! Mas isso é diferente de tapar o sol com a peneira. A raiz de nossa metodologia parte da ideia de que *os riscos existem e não devem ser ignorados, mas sim, servirem de impulso para novos negócios, novas ideias e mudanças positivas em nossas vidas.*

E isso exige planejamento, visão estratégica para transformarmos problemas em oportunidades/produtos/inovações e coragem, inclusive, para enfrentarmos resistências e dúvidas iniciais enquanto embarcamos em nossa jornada nas nossas próprias "asas da loucura".

O novo já está sendo criado

Dentro desse processo de aceitação do risco – que, como vimos, não significa fingir que o medo de arriscar não existe, mas sim, que devemos enfrentá-lo com coragem em prol de assumirmos a proa de nossas vidas – é importante considerarmos que:

1. **O ambiente de negócios atual já vive um complexo e amplo processo de transformação:** Inteligência artificial presente em escolas, mercado financeiro e nos aplicativos do seu smartphone. Os primeiros passos do metaverso que irá mudar a forma como nos relacionamos com os limites da vida física e virtual. Vacinas criadas em tempo recorde e novos tratamentos disponibilizados pelas vias da biotecnologia. Este é apenas um micro exemplo dos elementos que *já* estão presentes no ambiente econômico e social contemporâneo e que estão modificando as bases das relações humanas.

2. **Alguns negócios/profissões/tecnologias se tornarão obsoletas:** nesse amplo processo de transformação, sim, algumas profissões e empresas deixarão de fazer sentido. Segundo um estudo da Deloitte, por exemplo, até 2035, 35% dos postos de trabalho no Reino Unido deixarão de existir. Por outro lado, o mesmo estudo aponta que outros postos de trabalho serão criados em escala ainda maior e que a tecnologia mais cria do que elimina empregos. Não por acaso,

um estudo do IFTF (Institute for the Future) estimou que 85% das profissões que existirão até 2030 sequer foram criadas. Isso significa que cabe às organizações buscarem o caminho da inovação e adaptarem seus modelos de negócio, bem como, aos governos e às lideranças do mercado, que devem preparar – conforme indicado pela própria UNESCO (Organização das Nações Unidas para a Educação, a Ciência e a Cultura) – a população com as *habilidades necessárias para o século XXI.*

3. **A mudança não é uma escolha:** em outras palavras, a mudança deixou de ser uma escolha para se tornar um imperativo de mercado e, em tal contexto, sucumbir ao medo de arriscar é uma atitude que só atrasa nosso desenvolvimento. *O risco já existe, independentemente de o desejarmos ou não.* O ideal, nesse sentido, é fazermos do risco um aliado para nosso sucesso enquanto profissionais e empreendedores!

Diante de todo esse cenário, trabalhar nossa mentalidade, nossos skills e nossa resiliência para navegarmos por mares muitas vezes turvos é mais importante do que resistir à inevitável transformação que faz parte do decurso da história. Nesse sentido, a abertura para novos conhecimentos é determinante dentro de um mercado cujas certezas absolutas podem custar caro. Pensando nisso, no próximo capítulo, abordaremos as características de empreendedores que escolheram assumir o risco de construir o amanhã.

Você está pronto para dar sequência em seu desejo pela mudança?

CAPÍTULO II

SE JOGANDO NA MATRIX: O PIONEIRISMO DOS EMPREENDEDORES DO NOVO MERCADO

> *Para ter um negócio de sucesso, alguém, algum dia, teve que tomar uma atitude de coragem.*
> (Peter Drucker)

Nós já assumimos aqui que o mercado tem na imprevisibilidade uma característica inerente, que os desafios fazem parte de qualquer trajetória no mundo dos negócios e que esses riscos são multiplicados quando tratamos da busca pela próxima inovação disruptiva capaz de quebrar os paradigmas de um segmento econômico e da própria forma como nos relacionamos com produtos e serviços. Como em uma grande aposta, quanto maior o risco, maiores costumam ser as chances de ganhos expressivos e, no caso da disrupção, a aposta se concentra na construção do amanhã.

Assumir riscos, no entanto, não significa entrar no jogo despreparado ou levando em conta somente o instinto empreendedor e a vontade. Por isso, a melhor metáfora para o empreendedorismo nos tempos digitais se relaciona mais propriamente com o mundo dos investimentos: para correr atrás de retornos mais expressivos, investidores arrojados estão cientes dos riscos envolvidos e os analisam com a devida atenção para potencializarem seu patrimônio.

Não estamos, assim, falando de franco-atiradores, mas de indivíduos que dedicaram tempo suficiente para expandirem suas possibilidades de sucesso. Isso significa que serão bem-sucedidos em todos os seus investimentos? Obviamente que não, mas, curiosamente, a margem de risco se reduz quando decidimos não ignorá-la.

De modo semelhante, quando paramos para analisar as características dos empreendedores que conquistaram seu lugar ao sol no novo mercado, logo percebermos que, embora os casos icônicos de jovens que começaram um negócio sem muito preparo e conquistaram o mundo estejam aí para comprovar que para toda a regra existe uma exceção, a verdade é que o ambiente de negócios contemporâneo é guiado, em grande parte, por lideranças que não chegaram ontem na corrida pela inovação.

Sobre esse ponto, uma pesquisa da Dataminer – núcleo de pesquisa da aceleradora Distrito – traz um dado interessante e aponta, por exemplo, que a faixa etária média dos fundadores de startups no Brasil é superior aos 30 anos de idade. E quando falamos de negócios que alcançaram o status de unicórnio (empresas avaliadas em mais de US$1 bilhão), essa faixa sobe para 36,5 anos. Além disso, são empreendedores com, no mínimo, 9 anos de atuação média no mercado, ensino superior completo – sendo que mais da metade completou estudos de pós-graduação antes de fundarem seu primeiro negócio.

E se engana quem pensa que essa é uma característica exclusiva do ambiente de negócios brasileiro: segundo o Bureau Nacional de Pesquisa Econômica dos EUA, a média de idade dos líderes de startups de alto escalão é de 45 anos. Ao citar pesquisas como essa, o intuito não é limitar os caminhos de quem sonha em empreender, mas sim, reforçar dois pontos principais:

1. O ambiente de negócios digitais é múltiplo, diversificado e não há espaço para etarismos com lideranças mais experientes que podem contribuir, e muito, com o desenvolvimento de novas soluções para o mercado;

2. Independentemente de sua faixa etária ou bagagem socioeconômica e cultural, adquirir novos conhecimentos e entender a importância da educação continuada (ou lifelong learning, termo que vem sendo popularizado nos últimos anos) é um passo determinante para uma trajetória de sucesso.

Dentro desta seara de novos conhecimentos necessários para o empreendedor do novo mercado, você certamente já deve ter se deparado por aí com o conceito de soft skills. Em contraposição às competências técnicas, as habilidades interpessoais estão ligadas ao comportamento, a postura e a própria abertura de uma pessoa para aprender e se adaptar a novas situações.

Embora ambas sejam importantes, os soft skills são mais subjetivos, difíceis de serem quantificados e por estarem ligados a personalidade de um profissional, são cada vez mais valorizados dentro de uma dinâmica de mercado que exige, justamente, mais flexibilidade, dinamismo, ética para o fortalecimento de um ambiente de negócios mais colaborativo e perfil de liderança para o enfrentamento dos desafios do futuro. Ou, como bem disse Peter Schutz, lendária liderança do segmento automobilístico, devemos "contratar o caráter e treinar habilidades".

E esses pressupostos também são válidos para uma carreira no universo do empreendedorismo. Não por acaso, quando analisamos as virtudes mais comuns a um empresário bem-sucedido no mercado contemporâneo, quase sempre nos deparamos com os seguintes valores:

- **Boa comunicação:** um bom líder é aquele que sabe delegar, dialogar e motivar sua equipe de acordo com os objetivos de crescimento de um negócio;

- **Curiosidade:** a curiosidade abre os caminhos para a expansão contínua de novos conhecimentos dentro de um mercado em transformação constante;

- **Criatividade:** a criatividade é a base para qualquer movimento inovador e de diferenciação de mercado;

- **Ambição:** a força motriz que nos fará crescer dentro de uma economia diversificada e competitiva;

- **Resiliência:** ou antifragilidade, a habilidade de evoluir com o risco, com a imprevisibilidade do mercado;

- **Dinamismo:** a capacidade de adaptação para lidarmos com diferentes cenários – das crises aos momentos de calmaria; do lançamento de um produto a consolidação de uma marca;

- **Espírito de liderança:** para se aventurar pela matrix do mercado digital, os empreendedores precisam saber aglutinar consigo a força de talentos e guiar suas rotas de encontro aos ventos de novas oportunidades que respondam às dores e anseios da sociedade atual.

Novamente aqui, é fundamental deixar claro que o empreendedorismo não é feito de receitas prontas. No entanto, dificilmente uma empresa de sucesso será construída hoje por lideranças fechadas para a mudança dentro de uma sociedade que se transforma a cada dia e não só do ponto de vista econômico, mas também em relação a valores e diversidade de propósitos.

Consequentemente, estarmos prontos para "sabermos que nada sabemos" e que sempre é possível ampliar nossos horizontes de conhecimento é, na minha visão, a pedra fundamental na construção de empresas que também poderão mudar a história de seus segmentos.

Neste capítulo, busquei trazer para uma realidade mais concreta a ideia que temos de empreendedorismo. Para isso, começamos a quebrar algumas narrativas (e preconceitos como o etarismo) que ainda hoje imperam no mercado – inclusive quando pensamos no contexto das startups e scale-ups – e tratamos da importância do eterno aprender que dialoga com um mundo em eterna mudança.

Mas esse foi apenas o início do debate. Há muitos mitos a serem quebrados e novas perspectivas a serem traçadas. Falarei um pouco mais sobre esses paradigmas no próximo capítulo em que reforço a ideia de que, em se tratando de empreendedorismo, muitos são os caminhos possíveis e, ao mesmo tempo, cada jornada é única.

CAPÍTULO III

COM O PÉ EM DOIS BOTES E QUEBRANDO MITOS DO EMPREENDEDORISMO

As pessoas podem duvidar do que você diz, mas elas acreditarão no que você faz.
(Lewis Cass)

Se você, como eu, gosta de ler histórias sobre empreendedores que mudaram o curso do mercado, já deve estar ciente da multiplicidade de perfis daqueles que ajudaram a construir o mundo dos negócios como entendemos hoje – empresários que começaram de baixo e viveram uma jornada de superação; jovens sonhadores com uma ideia original que criaram revoluções dentro de garagens; estudantes criativos que mudaram a forma como nos relacionamos com o digital e com o outro; pessoas de todas as camadas sociais, credos, orientações políticas... Toda essa diversidade, aliás, foi uma das coisas que sempre me fascinou no universo do empreendedorismo.

É por isso, aliás, que sempre insisto que cada trajetória empreendedora é única e que não existe uma fórmula única para o sucesso. Assim, um dos objetivos da nossa filosofia para tempos disruptivos é que você se inspire e adapte as reflexões aqui traçadas para a sua própria realidade. E uma coisa é certa quando observamos a história: sempre é possível construir uma caminhada de sucesso.

Às vezes com mais ou menos obstáculos; com muito ou nenhum suporte; tendo de se superar continuamente ou contando com uma rede de apoio; mas as janelas de oportunidade estão aí, precisamos de coragem para escalá-las e, nesse meio tempo, não subestimarmos o caminhar e os desafios daqueles que, como nós, correm atrás de seus sonhos.

E precisamos também quebrar mitos e, muitas vezes, nadarmos contra a corrente se quisermos nos aventurar no meio empresarial. No empreendedorismo, aliás, há várias lendas urbanas que precisam ser desmistificadas:

- Só se abre um negócio com muito dinheiro;

- Empreendedores só têm sucesso se forem brilhantes...

- O erro, dentro de uma jornada empreendedora, é fatal e pode custar caro...

- Empreendedorismo é coisa de jovem (Tratamos desse ponto aqui há pouco).

Quero começar este capítulo falando do mito do "muito dinheiro". Para ser justo com essa percepção do senso comum, a verdade é que, ao menos a princípio, essa ideia parece fazer bastante sentido: seja um grande empreendimento ou um pequeno escritório, investimentos são necessários e dentro do contexto de um Brasil cuja média salarial é baixíssima para a maior parte da população, para muitos, pode parecer quase impossível ou, ao menos, tornar muito longínqua a ideia clássica de largarmos o emprego e investirmos no próprio negócio.

Mas é aqui que mora o pulo do gato e, ao mesmo, a confusão de muitos: como toda decisão importante dentro de uma carreira, a escolha pelo empreendedorismo exige visão estratégica e planejamento – e isso não necessariamente implica em um grande montante de capital inicial para se abrir um negócio ou, para ser mais preciso, esse capital não precisar partir inteiramente do seu bolso.

Para ilustrar melhor esse raciocínio, vou lhe contar um pouco mais sobre minha história.

Construindo seu próprio caminho

Após uma sólida carreira de muitos aprendizados como executivo no mercado de tecnologia, desde 2015, tenho me dedicado de modo mais exclusivo ao empreendedorismo e à área de investimentos para a aceleração de novos negócios que podem contribuir com o fortalecimento da economia brasileira. Em ambos os cenários, pude compreender a importância da incerteza como uma força capaz de nos mover de nossas zonas de conforto, estimular o crescimento profissional, pessoal e impulsionar o surgimento da inovação.

Muitas vezes, aliás, temos a ilusão de que uma posição de alta gestão ou diretoria pode nos livrar da incerteza. Todavia, na minha percepção, esse é um dos aprendizados que os executivos podem extrair do universo empreendedor: os melhores executivos são sempre aqueles capazes de assumir riscos, de desenvolver novos projetos, de estimular o crescimento de suas equipes e, sobretudo, de estarem dispostos a implementar mudanças, de modo que seus negócios não fiquem estagnados e percam a relevância diante de um mercado cada vez mais dinâmico e disruptivo.

Mas porque reforçar esse relato pessoal? Por duas razões objetivas que se relacionam com o propósito deste capítulo:

- Ao longo dos mais de vinte anos de minha carreira executiva, o sonho de empreender sempre esteve lá. Utilizei esse tempo para me *planejar*, fortalecer contatos e networking, estudar fontes de investimentos, criar uma reserva financeira e me aprofundar em habilidades importantes que aprendi no universo corporativo (e das quais falarei no capítulo seguinte);

- Por um bom tempo, mantive os pés em dois botes, atuando formalmente em empresas, enquanto testava ideias, investia em sociedades, negócios próprios e explorava estratégias e metodologias que aumentassem minhas chances de ter sucesso no mercado.

Em outras palavras: você não precisa, necessariamente, largar tudo para abraçar o sonho de empreender. Cada um tem seu tempo, seu ritmo e assumir riscos não significa ignorar a sua realidade e contexto de vida. No ótimo livro, Rework, escrito pelo fundador da empresa de tecnologia basecamp, Jason Fried, o autor explica, por exemplo, como você pode utilizar a renda de seu emprego como fonte de capital de giro para começar seu negócio.

E Fried vai além: no ambiente de negócios digital, é possível contar com uma série de ferramentas gratuitas ou de baixo custo para estruturar sua empresa. Nesse novo contexto, em diversos mercados você não precisará sequer de um escritório físico, uma vez que os modelos de home office e de work from anywhere já são uma possibilidade consolidada no Brasil e no mundo.

Claro que esse processo de transição pode levar mais ou menos tempo, a depender de seu perfil e objetivos. Justamente por isso, o etarismo é um preconceito que não tem mais vez também no mundo do negócios.

Além disso, alguns segmentos demandarão, sim, mais investimentos e um vasto volume de recursos para a abertura da empresa. Mas mesmo nesses cenários, o dinheiro não necessariamente precisa sair do seu bolso – ou ao menos não inteiramente. Pensemos, por exemplo, nas possibilidades de investimentos de uma startup. Para simplificar, podemos construir um quadro e dividi-lo em um ciclo de quatro etapas principais – mas essas etapas podem ser acessadas em momentos distintos do negócio:

- **FFF (*family, friends and fools*):** usualmente, no momento inicial, os empreendedores de negócios digitais podem buscar suporte com amigos, familiares, formar sociedades ou mesmo correr atrás de uma linha de crédito (modelo de captação também facilitado pela entrada de startups no mercado). O ideal aqui é que o empreendedor trabalhe com modelos de MVP e tente testar sua ideia com o menor volume de capital possível, na lógica do *erre barato e erre rápido*;

- **Anjos, *Smart Money*, *Seed* e *Equity Crowdfunding*:** se o empreendedor precisa de um volume de capital inicial maior, uma alternativa é tentar vender sua ideia em rodadas de investimento-anjo e capital inteligente que, além de possibilitar o início da trajetória da empresa, contam geralmente com redes de apoio e mentores que auxiliam o empreendedor em seus primeiros passos;

- **Séries A, B, C, D e até E:** nesse estágio, não só a startup já tem uma estrutura madura, mas também conta com processos e metodologias operacionais bem fundamentadas. Para resumir o processo de *growth*, pense em dois conceitos: padronização – para atrair investimentos mais significativos – e conquista de mercado (inclusive, é aqui que o negócio começa a ser propriamente visado por concorrentes de maior porte);

- ***Private Equity*, M&A e IPO:** por fim, temos a empresa pronta para se expandir de modo exponencial e que possui um crescimento médio de dois dígitos em diferentes aspectos do negócio por anos consecutivos. Estamos falando, sobretudo, de negócios com potencial para se tornarem unicórnios, capazes de atrair investimentos de fundos nacionais ou internacionais, serem adquiridas e/ou abrir capital na bolsa.

Veja que, em todas essas fases, há fontes de capital disponíveis para quem contar com um bom planejamento e visão estratégica do mercado. E por planejamento, considere estudar com profundidade o segmento no qual deseja empreender; o momento do mercado – se determinados tipos de fundo estão em alta ou em crise, por exemplo –; adquirir as competências essenciais para ter mais chances de sucesso naquele mercado, avaliar a necessidade (e possibilidades de investimento), buscar parceiros, fortalecer suas redes de contato e testar ideias.

Outra vantagem do empreendedorismo no mundo digital é que, cada vez mais, novas possibilidades se abrem para quem deseja capitalizar seus projetos: das plataformas de crowdfunding coletivo aos modelos de financiamento recorrente, há vários caminhos que podem ser seguidos, de acordo com seu modelo de negócio, segmento, tipo de atividade etc.

Para finalizar esse capítulo, quero tratar de outros dois mitos que citamos neste capítulo e que chamarei de *mito da genialidade* e do *mito do medo de falhar*.

O mito da genialidade se dissolve quando pensamos em empresas sólidas que trabalham com inovações incrementais ou mesmo os pequenos negócios que prosperam no seu bairro. E aqui vale uma rápida explicação: se adaptar a um mercado disruptivo não significa, necessariamente, ser o mais original dos empreendedores, mas absorver as oportunidades que esse novo mundo oferece e que muitas vezes estão disponíveis facilmente.

Assim, um pequeno negócio pode contar, hoje em dia, com ótimas ferramentas para gestão financeira ou para se conectar com seus clientes de modo mais ágil, por exemplo. Claro que é muito instigante buscar a próxima grande ideia do mercado, mas não faça desse pressuposto uma barreira para que você deixe de seguir seu objetivo de empreender.

O mito do medo de falhar, por sua vez, é um dos principais (senão o principal) bloqueio que precisa ser vencido não só em nossas carreiras, mas em nossas vidas. Que o erro seja abraçado como uma fonte de aprendizado e que o dito fracasso não seja uma razão para que você desista de seus sonhos: essa é outra das bases da nossa filosofia para tempos disruptivos.

E quanto a hora de dar o primeiro passo: partindo do princípio que desenhamos juntos, aqui, de que você não precisa abandonar tudo para começar, que tal hoje?

CAPÍTULO IV

BUSCANDO NOVOS SKILLS E VALORIZANDO O LEGADO DE UMA VIDA EXECUTIVA

> *Experiência não é o que acontece com um homem;*
> *é o que um homem faz com o que lhe acontece.*
> (Aldous Huxley)

Costumo encarar a vida como um movimento dentro do qual precisamos equilibrar a necessidade de estarmos sempre prontos para absorver novos conhecimentos, mas sem jamais esquecer e valorizar cada passo de nossa trajetória.

Sim, pois se perdemos a gana de aprender e de viver a beleza da descoberta, nos tornamos estagnados e facilmente somos ultrapassados pelas exigências de uma sociedade dinâmica e que está sempre se transformando. Da mesma maneira, abrir mão de nossa experiência é esquecer quem somos, nossa história, o que nos trouxe até aqui e que nos tornou seres humanos melhores, capazes de aprender com os erros e acertos de nossas vidas. É preciso, em suma, viver o agora, mas sem esquecer do legado que construímos e sem fechar os olhos para o futuro.

E isso, naturalmente, vale para uma carreira e, sobretudo, para quem sonha em trilhar uma jornada empreendedora. Para tanto, a abertura para o aprendizado (tanto interno, do autoconhecimento quanto vindo de exemplos do mercado) é uma condição quase que *sine qua non* para o sucesso nos negócios.

Tomando como exemplo minha vida no mundo corporativo – mas você pode adaptar essa reflexão, independentemente de qual seja o contexto de sua história profissional – não tenho dúvidas que um executivo com mentalidade ágil pode contribuir, e muito, com a jornada de quem está começando a empreender.

E, dentro de um cenário econômico em que os projetos de inovação aberta avançam de modo expressivo – de 2016 a 2020, por exemplo, dados da 100 Open Startups apontam que os projetos de open innovation cresceram 1.900% – podemos olhar com otimismo o crescimento dessas trocas entre executivos e empreendedores que, a partir de tais relações, estão construindo um ambiente mercadológico mais aberto, colaborativo e no qual as novas tecnologias caminham a passos rápidos.

Ademais, o surgimento de hubs, aceleradoras e de novos ecossistemas de inovação favorecem também a consolidação de mentorias, nas quais executivos e lideranças do mercado tradicional dividem insights com empreendedores relativos à formatação de modelos de negócio, valuation, estratégia, diferenciação competitiva, dentre outra série de dimensões da gestão organizacional.

Não por acaso, atividades relacionadas à mentoria empresarial têm crescido a uma média superior a 19% nos últimos anos, de acordo com números da ABMEN (Associação Brasileira dos Mentores de Negócios).

Dito isso, em minhas próprias mentorias junto a startups, gosto de destacar 3 pontos indispensáveis que, fazendo parte da realidade da gestão de grandes empresas, também são extremamente válidos para os negócios digitais e, em última instância, para a maior parte dos modelos de negócio.

1. Saiba monetizar sua ideia

O primeiro ponto consiste na capacidade do empreendedor em formatar sua ideia em modelo de negócio viável e que traga retorno.

Muitos empreendedores do novo mercado são guiados por valores e objetivos de impacto do negócio. Um exemplo: uma startup que deseja criar uma alternativa logística mais sustentável.

Pontos de partida como esse são nobres e não precisam ser abandonados, todavia, para atingi-los, a startup precisará provar que seu produto atrai, de fato, novos consumidores e responde a uma demanda de mercado. Do contrário, teremos apenas ideias que, por falta de maturidade em termos de negócio, não terão sustentação financeira.

2. Processos são importantes

Muitos empreendedores confundem a burocracia – que, de fato, atrasa a geração de valor de algumas organizações – com a ausência ou desorganização de suas estruturas organizacionais.

Todavia, essa mentalidade pode comprometer a continuidade de uma empresa no mercado, afinal de contas, da gestão financeira à gestão de pessoas, há etapas que não podem ser renunciadas para garantir, por exemplo, o compliance do negócio, a estruturação de planos de carreira ou mesmo o fortalecimento da cultura interna.

Além disso, ao estruturar processos (ágeis) e metodologias de gestão, você poderá direcionar os talentos de sua equipe em prol da conquista dos objetivos do negócio. Por mais horizontal que seja a mentalidade de sua empresa, você precisará adotar diretrizes – mesmo que flexíveis – e definição de funções/responsabilidades, para orientar seus colaboradores em prol, novamente, da geração de resultados.

3. O valor de seu negócio é comprovado com números, não somente com intenções

Outro ponto fundamental envolve a capacidade de organizar indicadores para avaliar os resultados que seu negócio está gerando ou tem potencial concreto para gerar.

E isso porque, por mais inovador que seja o seu produto, quando uma startup vai participar de uma rodada de investimentos, por exemplo, ela precisará ser capaz de demonstrar a capacidade de geração de resultados que comentei no primeiro ponto, atraindo assim o interesse de investidores e de empresas parceiras para projetos de inovação aberta.

Diante dessas bases, vale reforçar que a colaboração entre empreendedores e executivos tende a gerar frutos positivos tanto para as organizações quanto para os novos negócios que buscam seu lugar ao sol. Ou seja: executivos que desejam fazer uma transição de carreira e começar a empreender também podem (na verdade, isso é o ideal) conversar com outros empreendedores e líderes de startups para absorver novos conhecimentos.

Além da própria postura mais aberta aos riscos e desafios do mercado, os executivos podem absorver dos empreendedores – sobretudo com os líderes de modelos de negócio que estão surgindo a partir de empresas e startups nativas digitais – uma mentalidade de gestão mais ágil, cortando, sempre que possível, etapas burocráticas em suas rotinas e entendendo que, em um ambiente de negócios que se transforma a cada segundo, ganharão aqueles que souberem adotar um ritmo mais flexível e eficiente em seu dia a dia.

Além disso, precisamos cortar de nossa mentalidade um ponto que já discutimos aqui e que envolve a aversão e punição ao erro. Se você ainda atua em uma grande empresa, experimente criar núcleos de projetos ágeis, para testar modelos e poder "errar" sem gerar maiores custos para o negócio. Essa experiência – que inclusive pode ser traçada em processos de inovação aberta – lhe permitirá ter mais intimidade com o risco também como fonte de conhecimento quando sentir que chegou a hora de empreender.

E a maior beneficiária de todo esse movimento de diálogo entre novos e futuros empreendedores é a própria sociedade que terá, cada vez mais, acesso a produtos e serviços eficientes e inovadores que surgem a partir dessa relação com potencial disruptivo. No próximo capítulo, falaremos mais sobre esse processo de aprendizado, descobertas e criação do novo.

CAPÍTULO V

SOBRE OS OMBROS DE GIGANTES: INSPIRAÇÃO, COLABORAÇÃO DEDICAÇÃO

Há grandes homens que fazem com que todos se sintam pequenos. Mas o verdadeiro grande homem é aquele que faz com que todos se sintam grandes.
(G.K. Chesterton)

Nenhuma pessoa é uma ilha. Embora esse ditado possa parecer um clichê, nele reside uma verdade inabalável que se adequa perfeitamente ao universo do empreendedorismo: não construímos empresas sozinhos e mesmo o dono de um pequeno comércio de bairro precisa de bons fornecedores, de uma rede de contatos para conduzir seu negócio e, claro, de seus clientes, elo mais importante do ecossistema humano que movimenta as economias.

Como bem disse uma das maiores vozes da história empresarial que ajudou a moldar os rumos da tecnologia contemporânea, Steve Jobs, *"Grandes coisas em termos de negócios nunca são feitas por uma pessoa. São feitas por uma equipe".* Como líderes, um de nossos deveres é inspirar pessoas, mas sem jamais esquecermos de que somos uma peça dentro da engrenagem que move uma organização – seja ela uma pequena empresa, uma startup ou uma grande corporação – rumo ao futuro.

Mas se devemos inspirar, onde podemos buscar fontes de inspiração para seguirmos firmes no propósito desafiador do empreendedorismo que, cada vez mais, exige de nós uma mentalidade inovadora e criativa tanto para solucionar problemas do dia a dia de nossos negócios, quanto para atender com novas soluções às demandas e dores presentes na sociedade? É aqui que, a meu ver, mora um ponto intrigante: precisamos enxergar para fora dos muros de nossas empresas e, continuamente, dar uma espiada na vida que corre fora do mercado e da realidade de nosso segmento.

O fato é que, ao permanecermos imersos *somente* no que diz respeito a nossos negócios, corremos um risco imenso de andarmos em círculos, de buscarmos a inovação fazendo sempre o bom e velho *mais do mesmo* ou, para adaptar outro ditado popular, para sermos inovadores e inspiradores, precisamos parar de olhar só para o nosso umbigo e escalar as redomas de vidro que circundam nossas empresas e setores de atuação.

Afinal de contas, o que significa pensar fora da caixa se, para todos os efeitos, não nos damos a oportunidade de absorvermos tantas fontes ricas de informação que vão além das leituras técnicas, manuais de gestão ou do conteúdo programático de uma escola de negócios? Todos esses pilares são importantes, sem dúvidas, mas sozinhos deixam lacunas em nossa formação humana, em nossa criatividade e capacidade de liderar e inspirar.

Do networking ao cinema

Seguindo essa linha de raciocínio, acredito piamente que todo empreendedor deve ter a curiosidade genuína de uma criança. Literatura, filmes, peças de teatro, filosofia, arte...

Há toda uma gama de conhecimentos que podemos explorar e que nos tornarão líderes e pessoas melhores, mais completas, no sentido tanto de ampliar nosso arcabouço informacional para que possamos desenvolver insights e pensar em novos caminhos criativos para as situações que se apresentam em nossa jornada, quanto para fortalecermos nosso senso crítico em relação à sociedade e às grandes questões humanas.

E se as empresas são formadas por pessoas, construir pontes de aproximação com o outro, aprender a ouvir o outro e a dialogar – seja com empreendedores ou com profissionais atuando em áreas completamente distintas – é outro passo essencial. Porque o diálogo, uma boa conversa, além de ter o poder de nos despertar novas ideias, também nos torna indivíduos mais empáticos para liderarmos empresas em um mercado mais diverso, plural e colaborativo.

Daí a importância do networking não só para uma trajetória empreendedora, mas para uma carreira de sucesso: em 2017, por exemplo, uma pesquisa do LinkedIn apontou que 80% dos profissionais consideram sua rede de contatos como um elemento crucial para uma jornada bem-sucedida no mercado, enquanto um estudo conduzido pelo escritor e especialista em recrutamento, Lou Adler, indicou que 85% das vagas de trabalho são preenchidas por meio de networking.

Sim, podemos e devemos nos aproximar de pessoas capazes de nos inspirar e que também nos ensinem a conviver com a diferença, para que possamos construir juntos um mercado ainda mais inclusivo, democrático e que gere oportunidades para todos.

Bem-vindo a era dos negócios colaborativos

É importante que tenhamos em mente o conceito de colaboração, como um pilar importante do novo ambiente de negócios global. E aqui não se trata de ser ingênuo e afirmar que a competição deixou de fazer parte da estrutura econômica, mas que, além de não necessariamente precisar ser predatória, a competição mantém um espaço aberto para a colaboração, inclusive entre negócios de um mesmo segmento.

Um belo exemplo desse cenário são os processos de inovação aberta. Para se ter uma ideia, de acordo com dados publicados pela 100 Open Startups, a quantidade de empresas que firmaram contratos de inovação aberta com startups cresceu 96% em 2021, taxa bastante considerável se pensarmos nas circunstâncias enfrentadas dentro de um ambiente que viveu a maior pandemia da história e uma profunda crise econômica global.

Ou seja, pode-se inferir, de alguma forma, que o ecossistema de inovação no Brasil tem evoluído de forma fluida, mesmo que os desafios e as barreiras da tradição ainda existam. A partir da colaboração de diferentes agentes – que incluem startups, grandes empresas, parques tecnológicos, aceleradoras, incubadoras, fundos de investimento, academia científica e outros –, novas soluções têm surgido a todo vapor, preenchendo demandas para as quais ainda não havia oferta e contribuindo para a maturidade dos negócios digitais e do próprio mercado de modo geral.

Para as corporações, relacionar-se com outros players envolvidos nesse ambiente traz inúmeros benefícios, mesmo que isso só possa ser entendido, de fato, na prática. Primeiro, a interação e trabalho em conjunto realizados com agentes de fora da organização oxigenam a evolução e desenvolvimento de processos, que muitas vezes se mostram pouco eficientes e escaláveis.

Ademais, vemos também avançar no Brasil e no mundo os modelos de economia colaborativa que fortalecem novos estilos de vida baseados menos na posse e mais na (re)utilização coletiva de bens de consumo, serviços e novas tecnologias. Não por acaso, um estudo publicado da PwC, estimou que a economia colaborativa movimenta, em média, aproximadamente US$15 bilhões todos os anos.

Assim, a ideia de uma empresa fechada com líderes que enxergam somente a realidade de seus negócios perde, de modo mais e mais pungente, o sentido. Vivemos em uma sociedade e mercado aberto. Do open banking às soluções de código aberto; das empresas formadas por colaboradores de todas as partes do mundo atuando em estruturas colaborativas baseadas no work from anywhere aos unicórnios da economia colaborativa... Os novos líderes serão aqueles que não terão medo de contribuir e enxergar oportunidades no crescimento mútuo.

Buscar fontes de inspiração é buscar conhecimento dia após dia

Finalmente, falar de inspiração – nos livros, no outro, na colaboração entre empresas – é simplesmente afirmar a importância de estarmos abertos para o conhecimento e para o novo. Diariamente, temos de reforçar essa mentalidade para não nos acomodarmos e perdermos a curiosidade que move a criatividade e a inovação. Nesse sentido, veja filmes, explore conteúdos para além do universo empreendedor e veja como ao ampliar seu conhecimento de mundo, novos insights irão surgir para a construção de uma carreira cheia de significado.

CAPÍTULO VI

FAZENDO A VOLTA COMPLETA NA CHAVE DO EMPREENDEDORISMO

Cada sonho que você deixa pra trás, é um pedaço do seu futuro que deixa de existir.
(Steve Jobs)

Já percorremos um bom caminho até aqui e agora quero dedicar esse capítulo para fornecer dicas práticas para aqueles que já se decidiram sobre assumir a rota do empreendedorismo, porém ainda tem dúvidas diretamente relacionadas à gestão de um negócio dentro do dinâmico ambiente econômico atual.

Seguindo o roteiro proposto na apresentação desta primeira parte do livro, aqui você vai encontrar insights sobre:

- Como formar equipes vencedoras;

- Fazer mais com menos;

- Captar investimentos;

- Qual modelo de negócio e metodologia de gestão mais se adequa a minha empresa.

São passos efetivos que extraio de minha experiência como empreendedor, investidor, mas também como executivo que, por anos, teve o desafio de liderar equipes em grandes empresas de tecnologia. Vamos lá?

Na base de grandes empresas, há times excelentes

Conforme já reforçado no capítulo anterior, uma empresa de excelência é formada por pessoas excelentes. E esse talvez seja o grande fator de complexidade do mercado atual, pois não basta encontrar talentos com uma boa combinação de skills técnicos e comportamentais (soft e hard skills), mas fidelizá-los, mantê-los integrados à cultura do negócio e motivados a abraçar os objetivos e desafios que farão parte de sua empresa.

Desafio com D maiúsculo quando pensamos, por exemplo, que de 2018 a 2020, a rotatividade (turnover) nas empresas cresceu 82% no Brasil, de acordo com dados da consultoria Robert Half.

Para superar esse cenário, assumo a máxima de Peter Schutz – importante executivo da indústria automobilística e CEO da Porsche nos anos 80 – que dizia que devemos *contratar o caráter e treinar as habilidades*. Mais precisamente, é muito mais importante avaliarmos o fit cultural que um candidato demonstra ter com nosso negócio, do que sua bagagem técnica (que é determinante, mas que pode ser trabalhada naqueles com disposição para evoluir profissionalmente).

Além disso, leve em conta a capacidade de comunicação e liderança de seus potenciais colaboradores; a empatia e o entendimento da importância do trabalho em equipe; a flexibilidade e a capacidade de trabalhar em cenários desafiantes; o pensamento crítico para encontrar respostas a esses desafios e aos novos desafios que não cessam em surgir.

Precisamos, por fim, de profissionais éticos que saibam unir ambição de crescimento com uma mentalidade colaborativa – valores que, como vimos, são determinantes para o mercado contemporâneo.

O paradigma de empresa enxuta e ágil

Uma empresa precisa de processos claros para que o trabalho flua entre as equipes. Mas tais processos não podem sufocar a autonomia de seus times ou criar entraves para uma gestão mais ágil e eficiente.

E por falar em eficiência, esse é o principal papel da transformação digital nas organizações: permitir que elas aumentem seus níveis de produção e de automação de processos repetitivos, de modo que seja possível reduzir custos, "enxugando" gargalos financeiros que podem se transformar em lucro e/ou fonte de investimento para novos projetos.

E a boa notícia é que o ambiente de negócios atual conta com uma infinidade de soluções para as mais diversas demandas de uma empresa que são de baixo custo ou mesmo gratuitas, fator que facilita a jornada de digitalização de negócios que estão começando sua jornada no mercado – seja uma startup ou uma pequena empresa.

O caminho das pedras dos investimentos

Conforme listado no capítulo "com o pé em dois botes", na jornada empreendedora, existe um modelo pré-definido de estágios de maturidade de negócio e rodadas de investimento crescentes, com teses definidas, para que a empresa trace a rota da captação de recursos para a sua expansão no mercado.

Nesse sentido, o importante, antes de tudo, é entender qual o momento de sua empresa e se, de fato, ela precisa de capital de terceiros para potencializar esse processo de escalagem. Avalie, dentre outros pontos, a evolução operacional de sua companhia, estude com critério os rounds e agentes de investimento atuantes em seu setor.

Vale frisar também que há diferentes formas de fomento para um negócio, incluindo tanto recursos reembolsáveis – aqueles que precisam ser devolvidos aos agentes fomentadores. Ou seja, são recebidos geralmente por meio de um empréstimo e costumam financiar projetos de PD&I de grandes empresas em áreas estratégicas do governo – quanto não-reembolsáveis (que não possuem a necessidade de devolução do dinheiro. Assim, é um capital recebido para apoiar o empreendedor em seu projeto, geralmente para quem está iniciando sua startup, por exemplo).

Novamente, o fundamental antes de você buscar qualquer investidor capaz de se interessar por sua ideia, é entender qual é o seu objetivo por trás disso. Muitos empreendedores buscam investidores por causa do glamour, ou porque é o caminho que muitos empreendedores tomam, mas essa não é necessariamente a melhor alternativa para você.

Então se questione:

- Você precisa mesmo desse investimento?

- Você já fez o máximo que conseguiu com as "próprias pernas" (com seu dinheiro ou capital de sócios)?

- Já validou sua ideia? Ou seja, descobriu se existe demanda para o seu produto ou serviço?

Feita essa reflexão, é hora de arrumar a casa. Você precisará se preparar para convencer os investidores a respeito do potencial de seu negócio (e considerando a fase em que ele se encontra). Faça um valuation de sua startup ou negócio, elabore um pitch inteligente e atraente para vender sua ideia e não tenha medo de arriscar, apresentando-a em diferentes canais e para diferentes agentes (aceleradoras, investidores-anjo, programas de fomento etc.).

E não basta se organizar, é preciso planejar o futuro: o investidor, certamente, precisará saber onde você vai alocar os recursos. Contratação de pessoal? Pesquisa? Marketing? Planeje-se para um decurso de tempo mínimo de 12 meses e saiba sempre onde sua empresa quer chegar.

Por fim, destaco aqui uma regra de ouro do mercado: é o empreendedor que deve escolher seu investidor com objetividade, visão estratégica e preparo para enfrentar a competição de outros negócios digitais tão ou mais inovadores que o seu. Afinal de contas, dificilmente alguém irá bater na sua porta com recursos, apenas porque você acredita no potencial de sua ideia. Nesse sentido, una o realismo ao seu sonho e crie os caminhos concretos para o sucesso com planejamento e visão estratégica.

Negócio, gestão e sucesso

O modelo de um negócio e as metodologias de gestão empregadas pelas lideranças são e devem ser fluidas. Isso implica abertura para testar novas possibilidades. Em alguns momentos, por exemplo, o empreendedor pode adotar uma abordagem de gestão mais horizontal – com base em decisões coletivas e com participação de todas as camadas da empresa – e em outros, um gerenciamento vertical – em que um líder ou um grupo de líderes toma uma decisão de modo mais centralizado.

Por mais que eu acredite que, a rigor, a gestão horizontal é a que melhor se aplica à realidade do mercado contemporâneo, em determinadas escolhas, é também importante que um empreendedor saiba seguir seu feeling e confiar nos seus próprios insights.

Concomitantemente, os modelos de um negócio evoluem: uma startup de sucesso pode se tornar uma *scale-up* e, em última instância, uma grande companhia do mercado. O fundamental aqui é entender que essa curva não é necessariamente linear e que o conceito de sucesso passa muito mais pela capacidade de geração de valor, recursos e satisfação do empreendedor, do que propriamente estar relacionado com denominações mercadológicas.

Mas também é importante estar ciente de que o que diferencia um unicórnio – que, como vimos, são startups avaliadas em mais US$ 1 bilhão – de uma empresa que se tornou obsoleta em seu setor de atuação, foi a capacidade de enxergar oportunidades e de acompanhar as mudanças da sociedade e do mercado.

Como em um ciclo, volto aqui a frisar a importância de sabermos escalar os muros de nossos negócios para acompanhar as tendências econômicas, comportamentais e de consumo. Não tenha dúvidas: os tempos se transformam continuamente e os líderes bem-sucedidos são aqueles que mantêm os olhos sempre bem abertos e estão dispostos, como veremos, a colocar a "pele em jogo".

CAPÍTULO VII

SKIN IN THE GAME: SOBRE ERRAR, ACERTAR E JAMAIS DESISTIR

> *Minha ideia do sábio estoico moderno é alguém que transforma medo em prudência, dor em informação, erros em começos e desejos em realizações.*
> (Nassim Nicholas Taleb)

No capítulo anterior, busquei traçar com você as etapas para a construção de uma jornada empreendedora e os elementos básicos que formam uma empresa de sucesso. Mas agora quero falar dos desvios, das intempéries e de como podemos transformar erros e até mesmo eventos imprevisíveis em impulsos que nos motivam na conquista de nossos objetivos.

Sim, pois um fato que precisa compor a mentalidade e o cerne daqueles que almejam empreender e inovar é que para além do estudo de dados, construção de projeções e profundidade de uma análise de mercado – todos esses elementos úteis dentro de um projeto de longo prazo – há uma grande carga de aleatoriedade que faz parte do mercado e que acompanhará continuamente aqueles que ousam tentar algo novo.

Aliás, o mito da segurança é mais um dos que já se quebrou dentro do novo ambiente de negócios global – tenha você percebido isso ou não. Pense comigo: nos últimos 30 anos, quantas mudanças estruturais você já observou na economia e na sociedade? Quantas empresas "inquebráveis" e formas de se fazer negócio desvaneceram-se no ar diante do novo Uber, Spotify, Netflix, Nubank e Airbnb? E mesmo nesse universo, quantas startups tiveram de fazer adaptações para lidar com as novas exigências da sociedade, regulações e surgimento de outras dinâmicas de mercado?

Em um ecossistema guiado por inovações disruptivas, a certeza é uma soberba que tende a tornar as empresas e as lideranças ultrapassadas. Nesse ambiente, as grandes virtudes envolvem a adaptação, a capacidade de enxergar oportunidades onde outros veem problemas e de se transformar continuamente.

A mudança que abre caminhos

Mas analisemos melhor esse contexto de transformações pegando como exemplo o segmento financeiro e a indústria bancária brasileira, segmento em que atuo como empreendedor e investidor em outras fintechs, que passa para um período de mudanças profundas, após um longo período de estagnação mercadológica.

Quem olhasse para esse setor no início dos anos 2000 ainda enxergaria as características clássicas do sistema bancário nacional: forte concentração de serviços em pouquíssimas instituições financeiras com os agentes do mercado (ao invés dos clientes) guiando os processos de negociação. Não precisamos tapar o sol com a peneira ou dourar palavras por aqui: o resultado desse cenário estático e que por muito tempo represou inovações era, via de regra, a oferta de serviços caros, de baixa qualidade e guiados pela baixa qualidade no atendimento.

Essa é uma das provas evidentes de que a competitividade – em contraposição à concentração de mercado – tende a trazer frutos positivos dentro de uma economia aberta e de que o imobilismo é negativo para os consumidores.

Mas eis que o fenômeno das fintechs avançou como uma correnteza no Brasil e, ainda que esse não tenha sido nem de longe um evento aleatório para aqueles que estavam atentos ao processo de digitalização gradativa do mercado, ainda assim pegou de surpresa muitos que se recusaram a olhar para a mudança como uma fonte de inspiração para que eles próprios (e suas empresas) melhorassem processos, estratégias de posicionamento e formas de lidar com o cliente.

O fenômeno das fintechs demonstra, aliás, que quando enxergamos problemas de uma forma propositiva, no sentido de pensar em soluções – ainda que, aparentemente, não tenhamos condições de competir com os gigantes do mercado – abrimos espaço para pensar em novas formas de enxergar o mundo, as relações econômicas e temos o potencial de trazer benefícios para toda a sociedade.

No caso da indústria bancária, esse hall de benefícios incluiu a democratização do acesso a serviços para todas as camadas da sociedade brasileira, otimização de produtos financeiros e melhoria das relações entre bancos e clientes.

Cristina Junqueira, cofundadora do Nubank, afirmou em uma entrevista que um dos princípios que guiou o banco digital hoje avaliado em mais de US$ 31 bilhões foi a empatia – elemento que parecia estar ausente do (antigo) modelo do sistema financeiro nacional. Hoje, em contrapartida, já é possível enxergar diferentes segmentos de mercado colocando as estratégias de experiência do cliente no centro de seus negócios.

É a mudança que abre caminhos e constrói o futuro sem desprezar os valores essenciais e que sempre serão importantes em nossa história: empatia, força, coragem, criatividade.

A aleatoriedade é positiva e a segurança é uma ilusão

Em seu livro *Antifrágil: Coisas que se Beneficiam com o Caos*, o matemático e ensaísta Nassim Nicholas Taleb – cuja filosofia inspira este capítulo – explica que uma das ilusões centrais da vida é a de que a aleatoriedade é um risco, uma coisa ruim.

Olhe ao teu redor: tudo que fazemos é fruto de uma escolha e toda escolha implica em abrir mão de algo. Além disso, além das conquistas, nossa vida é composta por desafios, pela dor, por problemas que precisam ser resolvidos e por eventos inesperados, não importa o quão aparentemente preciso seja o nosso planejamento.

Nesse sentido, Taleb explica que o antifrágil não é apenas o indivíduo resiliente, que resiste e se adapta diante dos percalços da vida, mas é quem aprende e evolui diante do "caos" ainda mais presente na velocidade da vida contemporânea. Ao contrário do frágil – e, mais objetivamente, do inflexível –, o antifrágil é aquele que utiliza a aleatoriedade da vida como um impulso para o crescimento e melhoria contínua.

Mas por que ser antifrágil? Na minha visão pessoal, principalmente porque a segurança é não só ilusória, mas negativa para o desenvolvimento pessoal, econômico e do mercado como o conhecemos hoje. Já vimos o exemplo da indústria bancária, mas é possível olharmos de modo mais individualizado e pensarmos na construção de uma carreira nos dias atuais.

Se antes, o ideal de um profissional bem-sucedido passava pelos paradigmas da estabilidade e permanência por anos ou décadas em uma mesma empresa, vivemos claramente um momento em que os talentos das gerações que surgem no mercado são movidos por novos desafios. Esse, aliás, é um dos principais pontos de atenção para as lideranças contemporâneas: reduzir o turnover (a saída de colaboradores de uma empresa), fidelizar os melhores funcionários e engajar continuamente as equipes para a estruturação de uma empresa de sucesso.

E o X da questão é que isso não se faz somente com a oferta de bons salários e benefícios, mas com uma conjunção de fatores que envolvem, dentre outros pontos:

- O alinhamento entre os valores da empresa e dos colaboradores;

- A preocupação genuína com as novas pautas da sociedade – inclusão, diversidade, preocupação com o meio ambiente e a sustentabilidade (inclusive corporativa);

- A abertura para o diálogo, a empatia e a capacidade de ouvir;

- A noção de que a inovação é uma construção conjunta e que as ideias dos times (de todas as camadas organizacionais) podem e devem ser ouvidas; podem e devem contribuir para o sucesso mútuo;

- Modelos de gestão mais horizontais e a certeza de que o sucesso, não necessariamente, significa um título C-Level.

Combinado com todos esses elementos, é fundamental que se propiciem às equipes novos desafios e projetos que os estimulem a continuar conosco. Em outras palavras: mais do que a percepção da estabilidade, ganham aqueles que oferecem ambientes estimulantes em que os colaboradores sintam que estão se desenvolvendo segundo seus propósitos de carreira.

Até porque o mercado se transforma e seria errôneo difundir a ideia de estabilidade quando buscamos adaptação, flexibilidade, novos skills e ideias inovadoras. Não por acaso, profissionais mais resistentes à mudança são os que costumam encontrar mais dificuldades em achar seus caminhos no mercado da disrupção. Afinal de contas, afirmar que a mudança é positiva não significa dizer que ela não traz consigo novas responsabilidades.

Pelo contrário: é preciso que também estejamos dispostos a mudar, aprender e a nos motivarmos a navegar diante de mares muitas vezes desconhecidos.

Arriscando a própria pele

Quando pensamos no mundo dos negócios em tempos de transformação, a principal base de uma ética empreendedora positiva – que está no centro da filosofia e metodologia prática deste livro; e cujas raízes também se encontram no pensamento de Nassim Taleb – é a capacidade de arriscarmos a própria pele ou, no bom e velho português, de darmos a cara a tapa por aquilo que acreditamos.

Mais do que uma atitude meramente idealista, Taleb explica que o colocar a pele em jogo consiste também em não recomendarmos um produto, serviço ou investimento que não faríamos ou utilizaríamos em nossas vidas. Pense comigo: o produto que você vende é bom o suficiente para você e sua família? Se sim, nós assumimos, de fato, o valor daquele bem e podemos investir em uma jornada para que ele chegue a outras pessoas. É uma questão, como se percebe, que perpassa a ética e a responsabilidade com consumidores, stakeholders, pares de negócio.

Dito isso, esse processo de maturidade não se desenvolve do dia para a noite. No caminho do empreendedorismo ou do lançamento de um produto inovador, devemos ter abertura para testar, errar e aprender com aquela fonte de informação em prol de alcançarmos a medida do sucesso de uma empresa, produto ou serviço.

E aqui vale adotar um princípio das metodologias ágeis de gestão: erre, mas busque errar rápido e barato. Para tanto, trabalhe com modelos de prototipagem, saiba ouvir a opinião do outro (o que não significa abrir mão de sua ideia logo de cara, mas eventualmente adaptá-la ou pivotá-la) e, no caso de um negócio, opte por estruturas iniciais enxutas cada vez mais possíveis diante do avanço da inovação.

A grandeza e a beleza de colocar a pele em jogo está em sabermos que assumimos os riscos de nossas escolhas e que acreditamos no caminho que estamos construindo – caminho esse que terá contingências e aleatoriedades, em maior ou menor escala, por todos os lados.

Quando cruzamos o caminho dos cisnes negros

Antes de concluirmos, seguindo a linha de raciocínio apresentada neste capítulo, parece certo que o mercado, a sociedade e a vida traz consigo muitos tons do desconhecido. E, em alguns momentos, esse desconhecido pode assumir proporções exponenciais: é o que Nassim Taleb chamou de Cisne Negro, em seu livro *A lógica do cisne negro*.

Resumidamente, Taleb se refere a fenômenos altamente imprevisíveis, raros e com potencial de afetar todo um mercado. Estamos falando, por exemplo, de uma crise geopolítica inesperada ou de situações para as quais os dados do passado não nos prepararam. Vale salientar que o pensador líbano-americano não classificou a crise do coronavírus como um cisne negro – uma vez que houve comunicados em diferentes partes do mundo sobre o risco de uma pandemia. Daí também a importância de nos guiarmos por fontes de informação confiáveis e não nos tornarmos reféns do obscurantismo.

Dito isso, o que fazer, quando não é possível prever um fato que pode mudar o curso de nossas vidas? Adotando o paradigma da antifragilidade, é fundamental que adotemos a perspectiva da construção de novos começos mesmo em um terreno extremamente desafiador.

Para tanto, é importante termos humildade (pois nunca saberemos tudo) e enfrentar os problemas com propostas que podem, no longo prazo, melhorar a vida de todos. Adaptação, diversificação de caminhos, abertura para mudança e identificação de oportunidades com um viés não só individual, mas pensando no próximo e em nosso legado... Os cisnes negros podem parecer intransponíveis à primeira vista, mas a humanidade já provou, inúmeras vezes ao longo da história, sua capacidade de seguir e prosperar.

E com essa reflexão sobre a capacidade humana, encerramos a primeira parte de nossa navegação pelos mares disruptivos do novo mercado.

PARTE II

INSIGHTS SOBRE O NOVO MERCADO

*A coisa mais indispensável a um homem
é reconhecer o uso que deve fazer do
seu próprio conhecimento.
(Platão)*

Como explicado no início, este livro se divide em dois eixos centrais que se cruzam: o eixo prático e o eixo teórico.

Invertendo a lógica tradicional dos estudos sobre mercado, o objetivo do primeiro tomo de minha pesquisa foi apresentar – também com base em minha experiência como executivo de empresas de tecnologia, empreendedor e investidor em startups – a *práxis*, técnicas centrais e algumas estratégias que considero importantes e que podem apoiar aqueles que sonham em abrir sua própria empresa, fazer uma transição de carreira, especialmente (mas não exclusivamente) pensando no universo da inovação, ou mesmo assumir uma atitude mais inovadora e intraempreendedora no dia a dia das organizações em que atuam.

Seguindo essa linha de construção, a segunda parte de nosso livro traz uma leitura mais analítica sobre diferentes aspectos do ambiente de negócios contemporâneo – alguns dos quais foram mapeados nos primeiros capítulos, mas serão aprofundados no decorrer dos próximos textos e reflexões.

Para tanto, analisei uma série de reportagens, estudos e livros especializados, dados e perspectivas de futuro sobre os paradigmas do mercado atual.

Nesse sentido, no primeiro capítulo da Parte II, por exemplo, analiso o avanço progressivo do fenômeno das startups, as bases que sustentam os conceitos dos negócios digitais, seus primórdios, variações, o exemplo de grandes organizações que adotaram atitudes assertivas e positivas em prol da adoção de processos mais ágeis e inovadores, bem como algumas das possibilidades para o futuro dos negócios digitais no Brasil e no mundo.

Na sequência, analiso como essas empresas se utilizam de uma cultura data-driven e das estratégias de growth marketing dentro de um ambiente mercadológico movido por princípios de personalização e busca incessante pela diferenciação competitiva, tendo-se em vista o volume expressivo de produtos e serviços disponíveis na economia digital e, concomitantemente, perfis de consumidores mais exigentes e prontos para usar de sua voz para potencializar (ou minar) o crescimento de um negócio.

Em seguida, comento sobre as características centrais que distinguem uma organização exponencial e a antítese desse modelo de negócio (as startups zebra) que traz novos valores e propósitos para o mercado. Por fim, comento sobre como ambas as diretrizes empresariais, ainda que antagônicas, contribuem para o dinamismo do mercado.

No quarto capítulo desta segunda parte – ainda visando quebrar alguns mitos do universo do empreendedorismo digital – reforço alguns desafios da jornada empresarial no novo mercado e o quanto, por vezes, para ter uma perspectiva objetiva sobre o mundo dos negócios, precisamos navegar para além da espuma e de ideias que não se sustentam. Trago ainda uma parte prática sobre questões legislativas ligadas ao mercado de startups e como esse cenário está evoluindo no Brasil.

No capítulo V meu foco é discutir o avanço de perspectivas centradas no teletrabalho: empresas que se constroem a partir de estruturas full home, os modelos de anywhere office e a cultura – incluindo os desafios relacionados a seu fortalecimento – que se materializa de um ambiente empresarial híbrido e como todas essas possibilidades favorecem.

Ainda refletindo sobre o processo de democratização mercadológica, no sexto capítulo, comento sobre as inúmeras portas que se abrem diante do surgimento de ferramentas gratuitas e de baixo custo, do barateamento progressivo da inovação, da oferta de conteúdo relevante em canais digitais e de como o mercado vem se descentralizando dos grandes centros diante do surgimento de novos ecossistemas de inovação nacional e global.

Se aproximando da reta final, a ideia é discutir a responsabilidade das lideranças na resolução de problemas complexos do mundo contemporâneo e do futuro, bem como, falar sobre de que modo uma perspectiva consciente de empreendedorismo – que considere as novas pautas da sociedade como a inclusão, equidade, diversidade, sustentabilidade e governança – podem formar um mercado mais saudável para as próximas gerações.

E por falar em futuro, a proposta do último capítulo é discutir o que está por vir em termos econômicos: como serão as empresas do futuro? Que desafios, oportunidades e profissões devem se consolidar nas próximas décadas? Como os negócios digitais irão se posicionar em uma sociedade que, cada vez mais, dilui as fronteiras entre o físico e o digital?

Com esse exercício de futurologia – e uma conclusão que resume os pilares de nossa filosofia prática – chegaremos ao fim dessa jornada de leitura e, espero, de inspiração para novos e atuais empreendedores. De antemão, sou grato a você que me acompanhou até aqui. Mas se prepare, temos uma série de números e rotas para desbravar ao longo dos próximos capítulos. Você está preparado para essa nova imersão?

Desejo uma ótima navegação!

CAPÍTULO VIII

A AGILIDADE COMO FORÇA-MOTRIZ: SOBRE STARTUPS, SCALE-UPS E COMPANHIAS DISRUPTIVAS

Inovação é você escolher um problema e resolvê-lo de um jeito que ainda não foi utilizado no passado, com sua criatividade e a tecnologia.
(Cristina Junqueira)

Rede mundial de computadores. Embora hoje a internet seja um elemento tão intrínseco à sociedade a ponto de sequer conseguirmos imaginar a estrutura do mercado e das próprias relações humanas fora de suas fronteiras – que, aliás, cada vez mais se mesclam aos limites do mundo físico diante da expansão do metaverso e de novos paradigmas econômicos como as perspectivas omnichannel e phygital – houve um tempo, não muito distante, em que a informatização global parecia fruto de um roteiro de ficção científica ou de uma cena do clássico *De Volta Para o Futuro*.

E só quem viveu a transição entre o mundo analógico e a realidade digital que nos circunda hoje pode sentir na pele o impacto de tamanha transformação em tão curto espaço de tempo. Em poucos anos, saímos dos modelos de internet discada para as redes de banda larga que, por sua vez, abriram novas possibilidades em termos de consumo de conteúdo, relações de trabalho e conexões entre as pessoas.

Aliás, a digitalização propiciada pela web é um dos pilares do fenômeno da globalização, termo que se consolidou entre o final dos anos 90 e início dos anos 2000, sobretudo quando órgãos como o Fundo Monetário Internacional identificaram suas raízes vinculadas, dentre outros pontos, a uma economia transnacional e ao processo de difusão informacional propiciado, em grande parte, pela internet.

Foi também dentro desse caldo de transformações culturais e econômicas que o conceito de startups começou a se espalhar em meio a bolha da internet nos primeiros ecossistemas de inovação da era contemporânea, com destaque para o Vale do Silício, na Califórnia, região que popularizou a mítica imagem de jovens empreendendo em garagens e local onde nasceram empresas como Google, eBay e Facebook (Meta).

Dos anos 90 para cá o ambiente das startups ganhou forma, características próprias e maturidade a ponto de ditar o compasso da corrida da inovação e, inclusive, fomentar mudanças positivas em organizações tradicionais, as quais não quiseram ter o mesmo destino de grandes companhias que, por perderem o timing da mudança econômica de seus segmentos, perderam mercado ou mesmo deixaram de existir.

E, no Brasil, sobretudo na segunda metade dos anos 2000 e decorrer da década passada, o mercado de startups também se consolidou e hoje movimenta bilhões dentro de uma dinâmica que envolve os mais diversos agentes – dos governos aos centros de pesquisa nas universidades, de companhias especializadas na conexão entre grandes empresas e startups aos espaços públicos e privados de inovação. Vejamos, pois, um pouco mais sobre o desenvolvimento em escala desse fenômeno instigante.

A evolução do mercado de startups no Brasil e mundo

3 trilhões de dólares. Esse é o valor estimado que o ambiente de negócios global de startups atingiu nesse início dos anos 20, montante de recursos equivalente ao PIB de grandes economias.

Já em 2019, mundialmente, cerca de US$ 300 bilhões em capital de risco foram investidos em negócios digitais, o que só mostra a força de um ecossistema que movimenta países de estruturas socioeconômicas diversas e impõe novos pressupostos para o mercado, como os modelos ágeis de gestão, as estruturas enxutas de negócio e traz, claro, desafios (mas também oportunidades) quando pensamos nas relações de trabalho de uma sociedade digital e nos processos de inclusão social nesse novo cenário.

E no Brasil, país reconhecidamente ávido pelas possibilidades aberta pela inovação, esse movimento ocorre com todo o gás: em 2021, por exemplo, os investimentos em startups nacionais alcançou o valor recorde de US$ 9,4 bilhões, com 779 transações envolvendo aportes em negócios digitais, segundo números da aceleradora Distrito – no total, o direcionamento de recursos foi 2,5 vezes superior ao de 2020 e segue em crescimento.

Dentro desse contexto, é positivo perceber que o Brasil já é o terceiro maior celeiro de novas startups unicórnio – empresas que alcançam valor de mercado superior a US$ 1 bilhão – e, em 2022, já possuía 22 negócios digitais com esse status nos mais diversos segmentos, incluindo o setor imobiliário (Quinto Andar), transporte urbano (99), financeiro (Nubank e Creditas), delivery (iFood), logística (Loggi e Frete.com), benefícios (Gympass), dentre outros.

Mas nem só de unicórnios vive um ecossistema e, no escopo mais amplo dos negócios digitais, o Brasil também se destaca, uma vez que, em 2020, alcançou o posto dos vinte países com maior número de startups, sendo o primeiro da América Latina, de acordo com levantamento global realizado pela StartupBlink.

São números que reforçam que, mais do que uma tendência, as startups são uma realidade e um novo pilar da economia global.

Claro que esse ecossistema também enfrenta crises – como, por exemplo, no recente processo de adequação dos fundos de venture capital. Mas a resiliência perante crises é uma característica dos segmentos que vieram para ficar e as startups têm demonstrado seu potencial de superação nesse sentido.

Diferenciando conceitos

Diante desse cenário, vale a pena esclarecermos brevemente alguns conceitos centrais, começando pelo próprio termo startup. Embora o conceito tenha raízes anteriores, a aplicação da ideia de startup surgiu no movimento que já mapeamos da bolha da internet e do surgimento de empresas de base tecnológica em ecossistemas como o do Vale do Silício.

Mas o que diferencia uma startup de uma empresa tradicional? Basicamente, podemos considerar três fatores-chave:

- Startups contam com um modelo de negócio e/ou produto escalável, isto é, que tem potencial de crescimento rápido e que pode ser testado, repetido e validado pelo mercado (investidores e consumidores);

- São negócios ancorados em tecnologia – tanto a nível de processos, quanto de seus produtos;

- A aceleradora brasileira Liga Ventures destaca ainda o potencial de transformação e impacto no mercado que uma startup pode gerar. Em outras palavras: startups são ou buscam ser disruptivas e mudar a forma como os negócios são conduzidos dentro de um determinado segmento. Basta pensarmos, por exemplo, em revoluções como Uber para o setor de transportes; na Netflix e Spotify para o consumo de produtos audiovisuais; no Airbnb para o segmento hoteleiro ou na brasileira iFood para o mercado de alimentação fora do lar.

Dito isso, é válido destacarmos que, muito embora *toda startup seja um negócio digital, nem todo negócio digital é uma startup.*

Essa divisão é importante pois, para efeito de simplificação e entendimento, inclusive nesse livro, usam-se esses conceitos como sinônimos. Mas há nuances que os diferenciam e a primeira é uma questão objetiva ligada ao terreno dos investimentos: usualmente, startups que são adquiridas ou participam de uma fusão com uma empresa tradicional, deixam de ser consideradas startups e entram no "jogo" das grandes companhias.

Além disso, toda startup tem um princípio existencial baseado na busca pela inovação e disrupção que está ligada ao desenvolvimento de seus produtos, estrutura e processos. Assim, um negócio digital que trabalha somente com a venda de produtos de tecnologia (como um e-commerce, por exemplo), claramente, não é uma startup.

Por fim, nessa seara de conceitos há ainda o termo scale up, que vem sendo utilizado nos últimos anos para descrever startups que cresceram ao menos 20% dentro de um período de 3 anos ou mais, seja em faturamento ou número de colaboradores. A rigor, são startups que, já saídas de seus estágios iniciais de maturação, contam com processos e posicionamento de mercado consolidados.

E, essa sopa de letrinhas tem mudado a perspectiva de grandes empresas para os seus processos e para a forma como enxergam o mercado e as relações de consumo.

Acertando o passo do ambiente de negócios tradicional na era da disrupção

Ao longo deste livro, já citamos dados sobre os processos de inovação aberta – quando grandes empresas se unem ou investem em startups visando ganhar mais tração no seu próprio desenvolvimento tecnológico –, mas é válido reforçar que esse cenário só se construiu graças a todo um conjunto de agentes, com destaque para as aceleradoras e incubadoras de startups que auxiliam no processo de profissionalização de uma startup, oferecem estrutura em seus estágios iniciais e as conectam com companhias de grande porte.

No Brasil, dados do Mapeamento dos Mecanismos de Geração de Empreendimentos Inovadores de 2019 já mapeavam mais de 363 incubadoras e outras 57 aceleradoras. Sem dúvidas, ao lado de outras estruturas de fomento públicas e privadas, esses agentes tiveram o grande mérito de desmistificar, educar e trazer mais realismo para a discussão em torno das startups no Brasil, bem como, no processo de aproximação dos negócios digitais e do mercado tradicional.

Por sua vez, é possível citar inúmeros exemplos de grandes empresas que, a partir de uma mentalidade mais aberta, inovadora e de colaboração mútua com o ecossistema de startups, se mantêm fortes no mercado ao mesmo tempo em que diversificam seus portfólios de produtos e serviços.

A Magazine Luiza, por exemplo, tem cases reconhecidos de inovação aberta na área logística, assim como a Porto Seguro – que conta com sua própria aceleradora – ou as iniciativas da Natura, uma das precursoras das parcerias com startups no país. Mundialmente, vale citar ainda o clássico exemplo da Netflix que, em 2006, foi pioneira na inovação aberta ao lançar um desafio para que pessoas ou empresas oferecessem insights para a melhora de seu algoritmo com um prêmio de US$ 1 milhão.

Sem dúvidas, ainda há obstáculos para que essa cultura se expanda em território nacional, de modo que a inovação não fique restrita aos grandes centros urbanos e possa se democratizar de modo efetivo.

São etapas que começam a ser vencidas graças ao esforço de empreendedores, universidades e pesquisadores, mas que exigem maior participação pública de modo que o Brasil possa, de fato, ser protagonista na corrida tecnológica – uma corrida que, como veremos, é encarada a partir de princípios e ideais diversos.

CAPÍTULO IX

OS NOVOS MOTORES DE CRESCIMENTO DAS EMPRESAS INOVADORAS: GROWTH MARKETING EM UM MERCADO GUIADO POR DADOS

Já não basta satisfazer os clientes,
é preciso encantá-los.
(Philip Kotler)

Sim, os dados são mesmo o novo petróleo. Mas a frase que hoje já é um jargão de um mercado global que entende que, sem uma base informacional sólida, não é possível acompanhar o ritmo das mudanças de consumo, ainda soava como novidade em 2006, quando o matemático Clive Humby a cunhou em um daqueles insights brilhantes que servem como termômetro para os momentos de transformação da história.

De fato, depois de quase vinte anos do postulado de Humby, é possível afirmar sem maiores dúvidas que a adoção de uma cultura data driven é um passo determinante que deve ser dado pelas empresas que desejam crescer exponencialmente – e de preferência, com agilidade, encontrando as respostas para a diferenciação dentro de um mercado saturado por uma oferta vasta de produtos, serviços e novas soluções que surgem como um oceano infinito.

As razões para esse passo em prol da implementação de uma cultura data driven se ancoram em um objetivo bastante prático: conhecer a fundo os clientes e os leads de uma empresa – das suas tendências de consumo as razões que os fazem abandonar uma marca; dos gatilhos que despertam interesse a aqueles que os afastam de uma conversão; seus valores, interesses, dores que eventualmente ainda não foram solucionadas e novos hábitos que estariam dispostos a adotar.

Sobre esses últimos dois pontos, aliás, é válido abrirmos um breve parênteses: ao pensarmos em um processo disruptivo – ou seja, na quebra de um paradigma de mercado – estamos falando, naturalmente, de algo realmente inovador, que muda a forma como consumimos produtos e serviços dentro de um determinado segmento de mercado (podemos pensar nos mais diversos exemplos nesse sentido que se consolidaram nas últimas décadas: computadores pessoais; novas formas de consumo de áudio e vídeo; os smartphones e seus aplicativos; os modelos de software como serviço; apps de mobilidade urbana).

Ocorre que, por se tratar de algo novo, não há como ter certeza de que aquela determinada solução terá demanda de mercado. O que podemos trazer, enquanto empreendedores, são hipóteses. No entanto, não se tratam de hipóteses baseadas meramente em instinto, mas sim, no entendimento das dores do mercado, em experimentação daquelas premissas e a partir de uma visão estratégica que busca antecipar tendências e encontrar o timing ideal para o lançamento de uma solução – antes que seu concorrente o faça.

Para construir essas hipóteses e trilhar o caminho da criação, desenvolvimento e disponibilização de um novo produto ou serviço no mercado, precisamos (mais do que nunca) de dados. Mas é aí que entra a grande sacada: essa é apenas parte da equação. Depois de lançado, sua solução precisa se aprimorar constantemente, se adaptar às novas tendências (que, em muitos casos, ela mesmo criou) e encontrar meios para se manter tanto atraente para novos clientes, quanto relevante para manter sua base de usuários fidelizada.

E como fazer isso: por meio de novas hipóteses, experimentação e estudo de possibilidades para maximizar uma base de consumidores e criar experiências incríveis. Foi diante desse contexto que as metodologias de growth marketing e growth hacking se tornaram essenciais para a realidade de startups e empresas inovadoras como um todo.

Mas antes de explorarmos como essa estratégia funciona, vamos navegar um pouco mais nos mares da ilha de dados do novo mercado.

Dados, personalização e cultura algorítmica

Talvez, para as novas gerações de nativos digitais, seja difícil imaginar um mundo em que a busca por entretenimento e conteúdo relevante era feita fora das telas e de dispositivos hiperconectados. Um mundo sem Waze e a geolocalização em tempo real que nos permite passear pelos pontos turísticos de um país que não conhecemos como se fôssemos cidadãos daquele território. Sem recomendações alinhadas com nossos principais interesses feitas por algoritmos inteligentes. Sem super apps, carteiras digitais de investimentos ou mesmo uma internet democratizada por meio da qual se flui um volume de informações maior do que o gerado em qualquer outro período da história humana.

Mas não faz tanto tempo que esse mundo analógico ficou para trás e sua transformação incessante nas últimas décadas só foi possível graças ao novo petróleo dos dados antevisto brilhantemente por Clive Humby.

E é importante reforçar que os dados têm um preço: o interesse dos consumidores. Diante do positivo avanço das regulações – como a LGPD (Lei Geral de Proteção de Dados Pessoais) no Brasil e o Regulamento Geral sobre a Proteção de Dados (GDPR) da Europa – que buscaram trazer mais transparência e segurança sobre o uso de informações de clientes no ecossistema digital, contar com o consentimento dos consumidores é indispensável para garantir o compliance de uma cultura empresarial orientada por dados.

A boa notícia para as empresas é que a imensa maioria do ambiente de consumo contemporâneo está disposta a fornecer dados em suas jornadas de compra e aquisição de produtos e serviços – conquanto haja a contrapartida da melhora de experiências e/ou a oferta de conteúdos/bônus relevantes que, conforme veremos mais à frente, são um dos pilares de sustentação das estratégias de marketing digital e growth.

De imediato, é válido destacar que o esforço das marcas pela aquisição de dados consentidos de seus clientes e leads se justifica quando observamos, por exemplo, que as organizações que já contam com modelos de negócio data driven têm um potencial 23 vezes maior de conquistar novos consumidores, são, em média, até 19 vezes mais lucrativas e tendem a reter 6 vezes mais clientes do que os negócios que ainda não estruturam um modelo consistente para análise das informações de clientes e de seus próprios processos internos.

Os dados são da McKinsey Institute e dão pistas para outra das tendências fundamentais do mercado contemporâneo: *a busca pela personalização*. A mesma McKinsey mapeou em pesquisa que mais de 70% dos consumidores esperam interações personalizadas com as marcas que consomem e boa parte deles estão dispostos a comprar produtos e serviços de outras empresas quando há falhas nessa personalização.

Ou seja: a disposição para fornecer dados existe, mas as organizações precisam fazer um uso inteligente desse fluxo informacional para construir jornadas de experiência – e de novas vendas – interessantes que fidelizam clientes e que são capazes de dar ganho de escala para novas bases de consumidores. As estratégias de growth, por sua vez, são como pontes para que essa trilha se construa.

Growth Marketing: encontrando as brechas para o crescimento acelerado e consistente

Criado pelo empreendedor e investidor, Sean Ellis, o termo *growth hacking* serve para definir os modelos de negócio com crescimento ágil – usualmente startups e scale-ups do ecossistema digital, mas, via de regra, qualquer empresa com estruturas mais flexíveis de marketing, vendas e gestão podem aplicar princípios de growth – que se utilizaram de uma estrutura data driven para ganhar diferenciais competitivos por meio de estratégias de marketing inovadoras e de uma cultura de experimentação na linha *erre rápido e barato* que perpassa os diversos processos de uma organização.

Fruto dessa mentalidade, o growth marketing se baseia na integração de diferentes ações de marketing digital focadas em um objetivo central: ampliar a base de clientes de uma empresa através de interações inovadoras e também do encontro de possibilidades para novas ofertas de produtos/serviços/soluções.

Para tanto, são utilizadas hipóteses que, por sua vez, são experimentadas com o público e os resultados das campanhas são constantemente mensurados e avaliados, de modo que seja possível fazer adaptações, entender tendências e explorar novos caminhos em um fluxo contínuo de atração, retenção e experiências relevantes.

O Growth Marketing se sustenta em alguns pilares, dentre os quais, podemos citar:

- **A análise informacional** – tanto para entender os caminhos dos consumidores dentro da jornada de relacionamento com uma empresa quanto para identificar gaps e possibilidades de otimização dos processos de um negócio;

- **A definição das hipóteses** – aqui, são escolhidas as campanhas que serão executadas;

- **Acompanhamento e mensuração** – em seguida, os projetos são executados e novos dados são mensurados para avaliar os resultados quantitativos das campanhas em termos de atração, retenção e retorno.

É válido também observar que todos esses pilares devem dialogar com a jornada ou funil de growth que busca responder a algumas perguntas:

- **Aquisição:** como você irá encontrar seus leads/usuários/consumidores?

- **Ativação:** qual a qualidade da experiência que está sendo oferecida para esses clientes e leads?

- **Retenção:** o cliente continua em sua base?

- **Receita:** como você gera ou pretende gerar dinheiro a partir dessas interações?

- **Recomendação:** como fazer para aquele usuário/cliente indicar sua empresa?

Embora estes sejam apenas modelos esquemáticos – há toda uma série de interprocessos que se conectam a uma área de growth em uma empresa – eles são interessantes ilustrações de como os consumidores e leads precisam ser acompanhados em cada etapa de suas interações com uma empresa. E não só isso: essas interações precisam ser surpreendentes para gerar atenção, fidelização e para que o cliente esteja disposto a indicar sua marca de modo espontâneo.

Surpreendente, no entanto, nem sempre se traduz em algo mirabolante ou exótico – na maioria das vezes é o contrário, a beleza do growth reside no simples, mas eficaz.

Nesse sentido, uma das estratégias de growth marketing mais bem-sucedidas e que se tornou um case do mercado foi a utilizada pelo Dropbox – software de armazenamento e compartilhamento na nuvem – que consistiu na oferta de espaço gratuito em troca de que seus clientes oferecem a plataforma para outros usuários; prática que, de tão assertiva, se tornou uma commodity do mercado digital.

O exemplo do Dropbox serve, por fim, para que se destaque que as áreas de growth só funcionam quando há uma integração muito fluida entre as áreas de marketing e vendas. Afinal de contas, uma hipótese do marketing – como, por exemplo, a oferta gratuita de mais espaço em troca de recomendações – precisa gerar uma resposta rápida para que se sustente; e caso essa resposta rápida seja gerada, os times de vendas devem estar prontos para desenhar ofertas que gerem novos processos de conversão de leads em clientes.

Como se percebe, estamos falando de um fluxo de se interconecta, que não cessa e que visa um crescimento veloz, mas, ao mesmo tempo, sustentável. Ele é uma garantia de que uma startup ou companhia será bem-sucedida? Se você chegou até aqui, já deve ter percebido que, no universo do empreendedorismo não há garantias e que o objetivo deste livro não é criar mitos, mas explorar os diferentes caminhos que negócios e indivíduos estão trilhando no mercado contemporâneo.

Feito esse reforço, não é exagero afirmar que o growth marketing é um modelo que assume um protagonismo importante na corrida pelo crescimento da economia digital, sendo também uma das vias utilizadas pelas chamadas organizações exponenciais. Mas isso é assunto para o próximo capítulo.

CAPÍTULO X

UMA VIAGEM PELA ERA DAS ORGANIZAÇÕES EXPONENCIAIS E A ESCOLHA DAS ZEBRAS

Para de perseguir o dinheiro e comece a perseguir o sucesso.
(Tony Hsieh)

E se você descobrisse uma fórmula para o sucesso de um negócio? Não, eu não possuo o mapa da mina da organização bem-sucedida, até porque, como veremos ao longo deste capítulo, toda empresa é única e há mais de uma trajetória possível para uma companhia no ambiente mercadológico – todas elas com riscos, uma vez que a possibilidade de falha é uma característica intrínseca à atividade empreendedora.

Feito esse alerta, quando observamos com atenção os movimentos da economia e dos negócios que crescem com agilidade no mercado atual, é possível identificar algumas características comuns das empresas que, mais do que conquistar seu lugar ao sol, vêm direcionando os raios de calor em seus segmentos.

Tanto é que tais negócios receberam uma definição própria: *organizações exponenciais*, termo cunhado por Salim Ismail, Michael S. Malone e Yuri Van Geest para descrever empresas que crescem em ritmo muito mais acelerado do que as organizações tradicionais e que compartilham alguns princípios-chave.

O que são as organizações exponenciais?

O que impressiona nas ExOs (Exponential Organizations), para utilizar uma terminologia do mercado, é que além de crescerem muito, as organizações exponenciais se expandem em um curto período.

Mas como elas fazem isso? Novamente, estamos falando de companhias ancoradas nos princípios da inovação e da escalabilidade: ou seja, oferecer produtos diferenciados, com processos digitalizados e alta oferta que cresce em ritmo mais rápido do que as de seus custos de produção.

E, por mais desafiador que isso pareça – e realmente é –, é válido observar que o número de organizações exponenciais vem crescendo no mundo também dentro de uma dinâmica cada vez mais ágil, basta pensarmos que de 2004 (ano do surgimento da primeira startup unicórnio do mundo, o Facebook) até 2022, já são mais de 1 mil negócios avaliados em mais de US$ 1 bilhão, segundo números do CB Insights.

Só no Brasil, por exemplo, ganhamos 10 unicórnios em 2021. Mas aqui é válido abrir um breve parênteses: nem toda organização exponencial é uma startup, mas todas elas compartilham de alguns princípios comuns.

As bases da filosofia exponencial

Se pudéssemos resumir em características centrais a filosofia por trás das ExOs, os três princípios listados a seguir, certamente, iriam compor essa lista.

Estrutura hierárquica horizontal ou mais aberta

O primeiro deles envolve a aplicação de metodologias de gestão empresarial mais flexíveis, com espaço para processos de pivotagem e mudança de rumo sem maiores burocracias que, via de regra, geram entraves para inovação. Nesse sentido, é muito comum vermos organizações exponenciais geridas a partir de uma visão horizontal, na qual hierarquias são menos centralizadas e dão mais espaço para o diálogo entre líderes e colaboradores, processos de experimentação e de tentativa e erro.

Busca pela inovação e processos digitalizados

Para crescer de modo mais rápido sem aumentar custos de modo proporcional, a tecnologia assume um papel decisivo nas organizações exponenciais, empresas nas quais, a rigor, colaboradores são direcionados para atividades mais analíticas e criativas, e rotinas operacionais são fortemente automatizadas. E, além de utilizarem a inovação como ferramenta, a busca pela disrupção guia também esses negócios que, através da diferenciação, podem romper barreiras de mercado e criar tendências.

Adaptação e acompanhamento

Finalmente, as organizações exponenciais têm também como característica o monitoramento contínuo dos rumos do mercado e de novas possibilidades para o crescimento, de modo que, nesse processo constante de autorrenovação, elas possam continuar a se expandir a partir de novas oportunidades e dores identificadas entre os consumidores.

Um exemplo clássico desse movimento pode ser visto no próprio Facebook: que empresa, há 30, 40 ou 50 anos, mudaria de nome mesmo com um mercado ainda bastante consolidado e pivotaria sua estratégia de negócio de olho em um crescimento futuro? Precisamos, pois, ter em mente que, além de antecipar tendências, as organizações exponenciais criam rotas para continuarem relevantes dentro do dinamismo da economia digital.

Diferentes caminhos, diferentes escolhas: a diversidade do ambiente de negócios contemporâneo

Mas a mesma velocidade que impulsiona o crescimento das organizações exponenciais, traz também novas perspectivas para um mercado diverso em que nem todos compartilham dos mesmos anseios, objetivos e valores. Tal característica, longe de ser negativa, fomenta um ambiente de negócios mais democrático e também mais crítico, no qual diferentes visões se combinam e dialogam entre si.

Assim, do mesmo modo que as ExOs se contrapõem às empresas tradicionais do mercado, há perspectivas de negócio que oferecem uma alternativa que contesta o caminho exponencial. É o caso, por exemplo, das startups zebra.

A escolha das startups zebra

Sim, para quem acompanha o universo da inovação, o termo unicórnio muito provavelmente já era familiar. Mas você já ouviu falar das startups zebra? O fato é que, apesar do inegável êxito alcançado pelos negócios de crescimento exponencial dentro de um contexto extremamente competitivo, há aqueles que questionam a agressividade desse crescimento e a busca constante por rodadas de investimento para catapultar essa expansão.

Foi nesse cenário de reflexão sobre o propósito do empreendedorismo e novas propostas de geração de valor que começou a se estabelecer no ecossistema de tecnologia o interessante conceito das startups zebras. Em 2017, as empreendedoras Mara Zepeda, Aniyia Williams, Astrid Scholz e Jennifer Brandel criaram o movimento Zebras Unite, a partir da publicação de um artigo que, já em seu início, apresentava a seguinte provocação: "zebras consertam o que unicórnios quebram".

Nesse embate de paradigmas – que contrapõe duas ideias antagônicas de modelo de negócio –, as zebras buscam representar startups que buscam por um cenário de competição mais saudável, a partir de um maior senso de comunidade que, segundo a tese, difere da "perspectiva unicórnio", na qual as startups ascendem solitárias (e bilionárias).

O Manifesto das Zebras surgiu também como uma alternativa ao modelo tradicional de venture capital (VC), que dá prioridade ao crescimento exponencial e propõe, em substituição, um modelo mais sustentável de receita.

Além disso, o manifesto aponta também para um questionamento importante relativo à diversidade e paridade de gênero no universo da tecnologia. Para termos uma ideia mais clara da validade da reflexão, estudos apontam que startups fundadas por mulheres recebem um aporte médio de US$ 935 mil, enquanto empreendimentos fundados e liderados por homens captam, em média, US$ 2,1 milhões.

Tendo em vista essas circunstâncias, o movimento busca por modelos alternativos de financiamento, como crowdfunding e investimentos voltados principalmente para fundadores pertencentes a grupos minorizados.

De acordo com um dos manifestos publicados pelo grupo de empreendedoras, o desenvolvimento de modelos de negócios alternativos ao status quo das startups representa uma questão moral central do nosso tempo. Isso porque esses modelos buscam equilibrar lucro e propósito, defendendo a democracia e valorizando o compartilhamento de poder e recursos, visando criar, assim, uma sociedade mais justa.

De certa forma, sendo empresas que buscam o lucro ao mesmo tempo em que tratam de problemas relevantes da sociedade, as startups zebras se assemelham aos negócios de impacto, segmento que une o empreendedorismo à inovação e ao desejo de desenvolver soluções que tragam soluções positivas em termos sociais e ambientais.

Hoje, podemos observar um ganho de importância dessa perspectiva no Brasil que se justifica tanto pelos desafios únicos de nosso contexto socioeconômico, mas também pela ascensão de pautas ESG que impactam empresas e motivam, inclusive, fundos especializados.

Nesse ponto da leitura, você talvez esteja se perguntando: por que zebras? De acordo com o manifesto publicado pelas empreendedoras, existem alguns motivos por trás dessa escolha. Um deles, para elas, é óbvio. Zebras são reais, diferentemente de unicórnios.

Além disso, o preto e branco do quadrúpede representaria os dois princípios fundamentais desses negócios, que, conforme apontado anteriormente, buscam pelo lucro ao mesmo tempo que desejam melhorar aspectos da sociedade, sem que um seja sacrificado pelo outro. Por fim, as zebras são animais coletivos e, sendo assim, formam uma rede de proteção e preservação mútua.

Na briga pela sobrevivência em um mercado extremamente desafiador, é interessante observar o aparecimento de novos movimentos, principalmente os que buscam trazer melhorias para o ecossistema digital, visando torná-lo mais sustentável, equilibrado e democrático.

E não se trata aqui de desvirtuar o caminho daqueles que buscam um crescimento exponencial, mas sim, de destacar que, no mercado, há espaço para diferentes filosofias que podem, inclusive, se complementar no futuro que já estamos construindo.

Futuro esse que, para que seja possível buscarmos compreensão, muitas vezes, é necessário separar também os mitos das realidades. Esse é o tema do nosso próximo capítulo.

CAPÍTULO XI

SEPARANDO A ESPUMA DA REALIDADE

O pessimista queixa-se do vento, o otimista espera que mude, o realista ajusta as velas.
(William Arthur Ward)

Todas as reflexões desenvolvidas neste livro e que regem alguns dos princípios da filosofia Be Bold estão ancoradas em uma tese: o movimento de digitalização do mercado e da sociedade é um movimento sem volta, cada vez mais veloz e, quando implementado a partir de uma cultura consciente tanto sobre o papel da tecnologia no sentido de melhorar a vida das pessoas, quanto a respeito da importância de valorizarmos (e potencializarmos) o trabalho humano, ele traz frutos positivos para a nossa realidade, ainda que novos desafios surjam dentro desse processo.

Dito isso, mesmo reconhecendo o inegável poder da transformação digital na história de nossos dias presentes, também é inegável que, para muitas empresas, o discurso da inovação foi abraçado quase que exclusivamente para fins de marketing e posicionamento institucional, não obstante um mercado – e público consumidor – que demandava e continua demandando movimentações mais bruscas e ousadas.

Muito graças a essa perspectiva de parte do ambiente de negócios atual, uma série de mitos seguem sendo difundidos – os empreendedores do mundo digital são exclusivamente jovens nerds trabalhando em uma garagem; o sucesso virá rápido e é fruto (somente) de uma grande ideia; startups não precisam de processos estruturados... – e, não raro, falta uma análise crítica mais objetiva sobre os desafios reais desse mercado.

E aqui é importante deixar claro que, obviamente, a comunicação corporativa e o posicionamento institucional de sua empresa sempre serão pontos importantes. Mas só ações efetivas darão valor para um discurso de inovação que se sustente no longo prazo. Para tanto, precisamos alimentar uma visão realista do universo da inovação.

Os desafios do mercado de startups

Pensando exclusivamente no mercado de startups, um empreendedor precisa considerar 5 pontos que, na minha visão, são extremamente desafiadores, mas que devem ser enfrentados pelas lideranças que têm a ambição de transformar um segmento de mercado:

- **Captação de investimentos:** falamos bastante ao longo do livro sobre a jornada de investimentos de uma startup e, se aprofundar nessa questão é um ponto chave para qualquer empreendedor do mercado digital. Muitas empresas morrem porque esquecem de olhar para os lados e identificar, de fato, quais são suas necessidades de capital;

- **Fortalecimento de culturas:** o dinamismo de uma nova economia em que é possível contar com colaboradores de todas as partes do mundo traz também um desafio: como fortalecer a cultura corporativa em tempos de trabalho sem fronteiras? Falaremos mais sobre esse ponto no capítulo seguinte;

- **A contratação de mão de obra especializada e os dilemas do mercado de trabalho:** por sua vez, mesmo com todo o processo de abertura de fronteiras do mercado de trabalho, formar uma equipe de talentos de excelência segue sendo uma questão crítica no Brasil. Combinado a isso, há ainda a necessidade de reformas que, ao mesmo tempo garantam direitos e se adaptem ao novo perfil da economia contemporânea;

- **A estruturação de processos que não travem a inovação:** ser flexível não significa falhar em rotinas de gestão, da área contábil à medição dos processos de inovação. O importante aqui é equilibrar uma governança de processos com abertura suficiente para que a mentalidade inovadora de uma empresa não fique submersa em burocracia – e esse, por si só, é um desafio e tanto;

- **Cenário externo:** é preciso ainda considerar que o Brasil é um dos países mais complexos do mundo do ponto de vista fiscal, trabalhista e de falta de investimentos direcionados para quem deseja empreender no mercado da inovação.

A importância de ir além do discurso da inovação

Encarados os obstáculos, como fazer mais do que repetir jargões quando tratamos de inovação e para encararmos problemas de frente? Aqui gosto de pensar que temos de retomar um pouco a história empresarial e tirar inspiração de companhias de sucesso.

Ainda que, por exemplo, os indicadores precisem ser mais flexíveis para que possamos medir a inovação em uma empresa, o fato é que fazer a inovação acontecer em um negócio – assim como outros passos importantes de uma empresa – será preciso criar planos estratégicos e um planejamento de ações de curto, médio e longo prazo.

Outro ponto importante é colocar a transformação digital no centro de suas atividades e tomada de decisões. Isso quer dizer, portanto, que não basta que uma movimentação como essa seja vista como acessória, secundária. É necessário que a inovação seja um dos pilares da operação de uma companhia para que ela possa, efetivamente, gerar valor e contribuir para o seu crescimento e para a própria continuidade da empresa no mercado do futuro.

Naturalmente, essa não é uma tarefa simples ou a ser realizada em caráter imediatista. Para que se possam colher todos os benefícios e resultados esperados, é necessário um entendimento aprofundado acerca dos gargalos existentes nos processos da organização e sobre as melhores alternativas para solucioná-los.

Apostar nisso, portanto, significa ter a consciência de que são também necessários investimentos voltados especificamente à área de inovação, com a participação e suporte de lideranças que apoiem os projetos desenvolvidos – as quais, por sua vez, precisam estar cientes da necessidade de testar e, sem dúvidas, de errar, dentro de um movimento de aprendizado.

Assim, a caminhada em busca da transformação digital não acontece da noite para o dia. Requer, também, a construção de uma cultura na qual se perceba de fato a inovação como um guia para o desenvolvimento do negócio e como uma fonte de recursos que pode, inclusive, potencializar o trabalho humano.

É preciso ainda que tenhamos em mente que vivemos um cenário mercadológico totalmente diferente do de 10, 20 anos atrás. Nesse sentido, permanecer apenas no discurso marketeiro e criar espuma acerca da digitalização – quando negócios ágeis surgem a todo momento com a próxima disrupção do mercado – só torna mais escorregadia uma jornada que já parece longa e desafiadora o suficiente.

Apesar dos obstáculos, há mudanças positivas: o marco legal das startups

Diante de todos esses desafios, o lado positivo é que o ambiente de mudanças do mercado tem impulsionado transformações também na esfera pública, legislativa e de fomento à inovação no Brasil. Esse movimento, sem dúvidas, poderia ser mais ágil, mas já é possível observar alguns ganhos.

Um deles é o Marco Legal das Startups que, em resumo, trouxe mais clareza para a própria definição do mercado de negócios digitais, facilitou os processos de tomada de investimentos-anjo e estruturou juridicamente os ambientes regulatórios experimentais, abrindo espaço para parcerias entre startups e o poder público.

Outro movimento interessante – que pode contribuir, por exemplo, com a internacionalização de startups brasileiras e a venda de produtos para o mercado internacional – tem sido o gradativo processo de digitalização do comércio exterior do país, por meio de iniciativas como o Portal Único do Comércio Exterior e processos de desburocratização fiscal a partir de novos documentos como a Declaração Única de Exportação.

Por outro lado, ainda temos uma grande estrada para percorrer em termos de investimentos públicos na inovação do país: um levantamento recente da CNI destacou, nesse sentido, que somente 10% das empresas utilizam recursos do Estado Brasileiro para inovar.

Em outras palavras: sim, o movimento de digitalização da economia não cessa, não para de gerar oportunidades e fomenta mudanças, inclusive, em nosso ambiente de negócios. Mas há obstáculos que precisam ser encarados com seriedade, de modo que possamos tirar a espuma dos olhos e crescer. E para crescer é preciso também coragem para quebrar muros – sejam eles físicos ou mentais.

CAPÍTULO XII

A QUEBRA DOS MUROS: AS ESTRUTURAS ORGANIZACIONAIS E OS MODELOS DE TRABALHO DO PRESENTE E DO FUTURO

> *Você deseja acessar talentos em qualquer lugar ou apenas em mercados específicos? Se a resposta for em todo lugar, você precisa estar pelo menos aberto à possibilidade de trabalho remoto — isso abre portas para atrair e reter talentos em todo o mundo, literalmente e figurativamente.*
> *(Katie Burke)*

Work from anywhere. Home office permanente. Ambientes colaborativos híbridos.

Se, há não muito tempo, essas tendências apenas começavam a dar sinais de crescimento no Brasil, ao longo dos últimos anos vimos a consolidação desses modelos de trabalho em companhias dos mais diversos portes, incluindo desde startups que dão seus primeiros passos no mercado até companhias tradicionais e consolidadas de diferentes segmentos.

Por consequência, colaboradores de todos os níveis tiveram – muitos pela primeira vez – a oportunidade de experimentar contextos de trabalho mais dinâmicos, flexíveis e nos quais a autogestão, combinada com soluções tecnológicas para mensuração de desempenho e colaboração sem ruídos à distância, são fatores determinantes para o sucesso de uma empresa e de profissionais.

E é muito interessante perceber, por sua vez, que os efeitos desse ecossistema em pleno movimento de construção vão além da realidade interna dos negócios e reverberam na própria lógica econômica brasileira e global. Uma das consequências positivas mais interessantes deste cenário envolve o redesenho dos mapas de inovação ao redor do mundo e no Brasil, bem como, uma gradativa descentralização das grandes cidades quanto à "exclusividade" sobre os polos de inovação global.

Do coworking ao work from anywhere: a nova cultura do mercado de trabalho

Para termos mais clareza sobre a força dos novos modelos de trabalho no mercado, vale a pena analisarmos alguns dados. Um levantamento de 2020 da Robert Half destacou, por exemplo, que mais de 60% dos profissionais não têm interesse em vagas que não incluam dias de home office. Do lado das empresas, quase 100% das lideranças acreditam na permanência do trabalho híbrido como uma tendência consolidada.

Certamente, esse cenário ganhou novos contornos e impulso dentro do contexto de isolamento social vivido no Brasil e no mundo. Um estudo do IPEA apontou, nesse sentido, que no decurso de dois anos, o número de trabalhadores atuando em estruturas remotas passou de 3,8 milhões para mais de 8,4 milhões de brasileiros. E a tendência é que este dado só se expanda, uma vez que, segundo o próprio IPEA, pelo menos 21 milhões do montante de trabalhadores do país tem potencial para atuar integralmente a distância.

Esse, aliás, é um desejo que dialoga com os desejos de um mercado de trabalho no qual 9 em 10 trabalhadores querem ter mais autonomia sobre os locais de trabalho e, por sua vez, movimentam novos segmentos econômicos. De acordo com um estudo da Fortune Business Insights, só no plano de softwares colaborativos, o mercado deve partir de investimentos na casa de US$ 13 bilhões em 2019, para mais de US$ 35,7 bilhões até 2027, o que indica um crescimento médio expressivo de 13,2% de 2019 até 2027.

O papel da tecnologia no desenvolvimento de talentos e fortalecimento de culturas

Esse ambiente instigante de transformações, é claro, traz também alguns pontos de reflexão importantes. Um deles envolve a seguinte questão: como manter a cultura empresarial fortalecida em tempos remotos? Ou, em outras palavras, como integrar os colaboradores de uma empresa com os valores, objetivos e busca por resultados de uma organização?

O desafio, extremamente pertinente, tem boa parte de sua resposta abarcada na própria tecnologia e mentalidade digital que, no fim das contas, é o que permite a estruturação de ambientes remotos de trabalho plenamente eficientes.

Só com a oferta de recursos inteligentes para a medição de resultados, plataformas para a integração de colaboradores e ferramentas que os permitam – realmente – trabalhar de qualquer lugar, teremos a possibilidade de construir um modelo organizacional em que valores, ideias, insights e objetivos podem ser compartilhados com o dinamismo necessário para o fortalecimento de uma cultura.

Com a tecnologia adequada, temos a possibilidade, inclusive, de criar espaços digitais de ideação, brainstorming e projetos colaborativos, tão necessários para as empresas que buscam inovar constantemente e manter seus times unidos independentemente das fronteiras.

Mas a tecnologia, embora indispensável, não faz milagres sozinha. Precisamos seguir um workflow de etapas dentro desta busca pela construção de workplaces remotos que funcionem de modo ainda mais eficiente, criativo e culturalmente integrado, quando comparados aos escritórios tradicionais.

Tais etapas incluem, por exemplo:

- O desenho/planejamento estratégico do ambiente de trabalho digital/remoto;

- A implantação dos recursos adequados (humanos e tecnológicos) para a realidade de sua empresa;

- O uso gradativo de soluções inteligentes para integração de equipes, construção de projetos colaborativos e troca de ideias/informações de modo ágil;

- Treinamentos para a difusão de uma mentalidade digital;

- Suporte da liderança neste movimento de transformação.

Quando vencemos essas primeiras barreiras culturais que, aliás, fazem parte de qualquer movimento profundo de transformação – a recompensa é visível e já vem sendo documentada – de colaboradores mais produtivos, satisfeitos e com a própria redução do turnover de talentos.

Esse novo ecossistema sustentado, em grande parte, pela tecnologia, abre também portas para a democratização do ambiente de negócios global. É o que veremos no próximo capítulo.

CAPÍTULO XIII

A DEMOCRATIZAÇÃO DA TECNOLOGIA E AS NOVAS POSSIBILIDADES DO MERCADO

Todos nós temos talentos diferentes, mas todos nós gostaríamos de ter iguais oportunidades para desenvolver os nossos talentos.
(John Kennedy)

Um dos benefícios da transformação tecnológica para o mercado e para a sociedade envolve o fato de que quanto mais ela avança, mais ela se torna acessível para diferentes estratos da sociedade e perfis de empresa.

E isso inclui pequenos negócios e microempreendedores individuais que ganham a oportunidade tirar objetivos do papel, profissionalizar a gestão de suas empresas e reduzir custos operacionais em virtude do poder de soluções disponibilizadas, em grande parte, por startups que, graças a outras vias de geração de receita – publicidade, compartilhamento de dados com autorização de usuários, aportes etc. – conseguem democratizar o meio com ferramentas gratuitas ou de valores que cabem no bolso do pequeno empreendedor.

Um exemplo claro é o da internet. Se, em meados dos anos 90, o acesso à internet – além de mais rudimentar – era uma exclusividade para empresas de grande porte e famílias de maior poder aquisitivo, em 2021, mais de 81% da sociedade brasileira acessou a rede mundial de computadores, segundo pesquisa do Centro Regional de Estudos para o Desenvolvimento da Sociedade da Informação.

Obviamente, ainda é preciso avançar – sobretudo considerando a realidade de um país de dimensões continentais e desigual como o Brasil – uma vez que ⅓ da população mais pobre do país não tem acesso contínuo a web; mas, a julgar pelo crescimento exponencial da digitalização em território nacional e, ato contínuo, da criação de ecossistemas de inovação e de centros comunitários que oferecem apoio a empresas e cidadãos para o acesso à tecnologia fora dos grandes centros, é possível ser otimista quanto a vencermos esse importante desafio.

A competitividade que favorece a inclusão

Mas quais fatores impulsionaram o barateamento da tecnologia que beneficia a todos nós enquanto sociedade? Um estudo do Fórum Econômico Mundial realizado ainda em 2015 em conjunto com a Business Insider apontou para uma pista importante: a competição entre as empresas é uma mola que estica ou retrai a velocidade da redução de custos de produtos e inovações tecnológicas.

Para confirmar essa tese, o estudo observou, basicamente, a queda nos preços de itens como serviços de internet, televisores, softwares, equipamentos de áudio e computadores pessoais – todos, de modo geral, tiveram declínio no intervalo entre 1997 e 2015, além de se tornarem mais sofisticados – enquanto setores com maior concentração de mercado, como os serviços de TV e rádio via satélite enfrentaram uma curva de crescimento na precificação.

Em outras palavras: quanto maior a competitividade de um segmento, mais acessíveis se tornam as soluções no médio e longo prazo.

Daí também a validade da disrupção mercadológica, haja vista que, com a profusão de startups que surgiram no mercado ao longo dos últimos anos, mercados ineficientes, excessivamente concentrados ou de alto custo também enfrentaram uma mudança de perspectiva focada na centralidade do consumidor e valores mais acessíveis de acesso. Nesse sentido, apenas para reforçar esse raciocínio, a revolução da mídia e do entretenimento digital transformou o próprio setor de TVs por assinatura acima citado.

E o mesmo vale para as empresas: para termos uma ideia, atualmente, mais de 2,6 milhões aplicativos estão disponíveis somente na Play Store. Muitas dessas ferramentas são gratuitas (um estudo da PayPal, por exemplo, apontou que 85% dos brasileiros só baixa apps sem custo) e podem impulsionar o dia a dia gerencial de pequenos negócios.

Isso sem falar nos negócios digitais que já nascem focados em atender PMEs ou mesmo jovens startups por meio de sistemas de gestão, CRMs e para a otimização de ações de marketing adequadas ao perfil financeiro de uma companhia de pequeno porte.

O mercado democrático

Acesso a conteúdo gratuito. Internet como ferramenta de democratização dos processos de ensino e aprendizagem. Competição saudável que fomenta a redução de custos de ferramentas para empresas e cidadãos. Não, não estamos falando de um contexto idealizado, mas de uma realidade que está se construindo – e não precisamos ignorar os problemas do horizonte para enxergar o copo meio cheio desse novo ambiente. Aliás, justamente quando observamos problemas com realismo é que podemos criar os meios de superá-los.

Outro fator positivo que fomenta o novo mercado diz respeito a redução de custos também no plano da própria abertura de empresas e da questão tributária. Hoje, por meio de sistemáticas como o MEI ou os modelos de microempresa do Simples Nacional, milhões de empreendedores saem anualmente da informalidade no país, geram empregos, contribuem para a arrecadação do Estado e para a potencial melhoria dos serviços públicos nacionais.

Não por acaso, das 19 milhões de empresas ativas no Brasil em 2021, 69% delas eram MEIs, de acordo com dados da Secretaria Especial de Produtividade e Competitividade do Ministério da Economia.

E outro dado importante: mais da metade dos empregos no país são gerados por pequenos negócios.

Pequenos negócios que, hoje, têm a seu dispor ferramentas tecnológicas capazes de facilitar seu dia a dia e que podem acelerar seus processos de crescimento, dentro de um ciclo produtivo para toda a economia do país e de um modelo de empreendedorismo que deixou de ser excludente para se tornar um veículo de transformação e de edificação de sonhos para um número cada vez maior de brasileiros.

E esses princípios dialogam, por sua vez, com a necessidade de lideranças conscientes para os novos anseios da sociedade e do mercado.

CAPÍTULO XIV

SINGULARITY E A LIDERANÇA CONSCIENTE

O espírito humano precisa prevalecer
sobre a tecnologia.
(Albert Einstein)

As lideranças do mercado têm um papel crucial na resolução de problemas que afetam todo o planeta e, por essa razão, gostaria de dedicar um pequeno capítulo para destacar os esforços de comunidades como a Singularity – centro educacional fundado em 2008 na Califórnia – focada, justamente, na formação de líderes aptos a contribuir com desafios profundos de nossa sociedade – da questão climática à fome que ainda afeta tantos estratos da população ao redor do mundo.

Como observado em matéria da Época Negócios por David Roberts, um dos docentes da Singularity, *o futuro da liderança não é só sobre disrupção, mas sobre ter a consciência de que há problemas maiores a serem resolvidos por grandes líderes.*

Estamos falando, nesse sentido, de um modelo de liderança consciente que, sem abrir mão do desejo pelo crescimento e sucesso – afinal, a Singularity estuda também os modelos de gestão de organizações exponenciais – sabem que o papel de uma empresa (e de seus líderes) vai além do lucro *ipsis litteris* e envolve, dentre outros pontos:

- A autoconfiança necessária para assumir a resolução de desafios de modo ágil, encarando os erros como fontes de aprendizado – *liderar não é um cargo, é uma atitude*, já disse Reynaldo Gama, CEO da HSM e co-CEO da Singularity no Brasil;

- A mudança de mentalidade para que possamos exercer um impacto positivo na sociedade e nas empresas;

- O fomento de uma cultura tecnológica e da adoção de ferramentas inovadoras para que possamos, em conjunto, superar problemáticas que fazem parte de nosso contexto social e econômico.

Mas a expansão de lideranças conscientes no mercado, de sorte, que vai além de iniciativas como a da Singularity – podemos pensar, por exemplo, em ecossistemas de inovação focados em diversidade, na expansão de formações humanas nas faculdades de gestão e MBAs e na própria cultura que, hoje, se expande nas empresas em virtude, dentre outros pontos, da entrada de gerações mais atentas sobre seu papel na sociedade.

E tal anseio, é válido frisar, vai além de uma mera questão idealista: cada vez mais, os consumidores se mostram exigentes quanto ao posicionamento das empresas e marcas que consomem – 66% dos entrevistados em uma pesquisa da Nielsen, por exemplo, afirmaram estar dispostos a pagar mais por produtos sustentáveis, ao passo que um estudo da McKinsey já mapeou o aumento do consumo inclusivo nos Estados Unidos, país no qual 2 em cada 3 americanos afirmaram que seus valores influenciam nas escolhas das marcas para o seu dia a dia.

Nesse sentido, perceber o avanço da temática ESG no mercado – governança social, ambiental e corporativa, em tradução livre – não representa exatamente uma surpresa. De modo cada vez mais incisivo, investidores e fundos observam tais valores antes de optar pela compra de ações de uma companhia. Não à toa, um estudo divulgado pela

Bloomberg apontou que os ativos globais de ESG estão a caminho de ultrapassar US$ 53 trilhões até 2025, representando mais de um terço dos US$ 140,5 trilhões em ativos totais projetados para o período.

Dentro desse contexto, do lado dos executivos, futuros e atuais empreendedores, a busca pelo desenvolvimento de novos skills capazes de apoiá-los a desenvolver políticas consistentes de governança e impacto social e ambiental é uma etapa premente para o sucesso. Concomitantemente, as empresas devem fomentar uma cultura de mais consciência sobre o mundo que nos cerca dentro de seus ambientes corporativos.

Bom para os negócios e excelente para a construção de um mercado mais democrático, a liderança consciente é, por fim, uma parte decisiva da contribuição das empresas para um futuro mais iluminado, justo e em que haja geração de oportunidades, respeito à natureza e ao próximo.

CAPÍTULO XV

THE GREAT BEYOND: UM OLHAR PARA O FUTURO

O futuro pertence àqueles que acreditam na beleza de seus sonhos.
(Atribuído a Eleanor Roosevelt)

Como serão as empresas do futuro? Essa é uma questão que aguça o interesse de muitos empreendedores mas, para além de uma questão de mera curiosidade, ficar atento às tendências do mercado é uma iniciativa fundamental tanto para adaptar os rumos de um negócio diante das transformações na conjuntura econômica de um segmento, quanto no sentido de identificar oportunidades de crescimento, afinal de contas, como bem pontuou Charles Darwin, *não é o mais forte que sobrevive, nem o mais inteligente, mas o que melhor se adapta às mudanças.*

E isso vale tanto para grandes companhias – basta pensarmos que enquanto algumas organizações evoluíram em seus modelos de negócio e souberam abraçar processos, como, por exemplo, os presentes na economia colaborativa e na inovação aberta, outras viram seus produtos e serviços tornarem-se obsoletos em meio à disrupção incessante – quanto para as startups que terão de criar novos diferenciais diante da expansão de negócios com base tecnológica no Brasil e no mundo.

Nesse sentido, no último capítulo de nossa jornada, resumi algumas perspectivas importantes para o mercado do futuro que vêm sendo discutidas por especialistas e futurólogos dos mais diversos setores.

Tendências no radar

Para facilitar a compreensão dos processos de evolução do mercado, podemos dividir essas tendências em cinco blocos principais:

- **Evolução tecnológica**

  Computadores inteligentes; meta e nanomateriais aplicados aos mais diversos campos (do desenvolvimento de smartphones que espelham a realidade aumentada à medicina e combate a doenças); veículos autônomos e soluções com base em hard sciences são algumas das vias por onde correm as transformações impulsionadas pela inovação e que já estão sendo estudadas por startups e grandes empresas com centros robustos de P&D. É um novo mundo que avança a passos largos e que abre também desafios dentro de um contexto no qual a velocidade de processamento das máquinas será a mesma do cérebro humano.

- **Mudanças na estrutura do mercado de trabalho**

  A entrada das novas gerações no mercado já oferece um vislumbre de como serão os ambientes de trabalho do futuro nos quais o propósito, sem dúvidas, terá mais valor do que um cargo hierárquico dentro de estruturas cada vez mais horizontais. Ademais, as novas possibilidades abertas pelo work from anywhere, já discutidas aqui, tendem a criar, mais do que empresas fechadas, ecossistemas de trabalho global e colaborativo no qual o conhecimento será a principal moeda de troca para o sucesso.

- **Economia verde**

  Em uma sociedade que luta para conter o avanço da crise climática e para preservar o futuro das novas gerações, a economia de base sustentável será um dos grandes motores do mercado e exige, desde já, uma nova mentalidade para as empresas que ainda não se atentaram para a necessidade de políticas de ESG e de respeito ao meio ambiente. Dentro desse contexto, um estudo da Fortune Business Insights apontou que, até 2029, os investimentos na economia verde devem crescer a uma média anual de mais de 20% e movimentar valores na casa de US$ 51 bilhões mundo afora.

- **Reforço das pautas de diversidade:**

  A economia verde, por sua vez, caminha em conjunto com o avanço das pautas da diversidade e inclusão social nas empresas, as quais são ações determinantes tanto para a atração e fidelização de colaboradores – mais atentos ao posicionamento das companhias em que atuam – quanto para a expansão dos clientes de uma empresa. Nesse sentido, uma pesquisa da Nielsen Holdings em mais de 50 países já indicou que 60% dos consumidores preferem comprar de marcas que contribuem positivamente com a sociedade.

- **Expansão do consumo inteligente e da economia compartilhada**

  Dentro desse novo contexto, o consumo inteligente deve avançar ainda mais na sociedade, abrindo espaço para novas soluções de economia compartilhada capazes de reduzir a dependência de pessoas e empresas sobre bens físicos, itens poluentes e que contribuem com a construção de comunidades mais sustentáveis.

- **Governança como pilar de mercado**

  No eixo do crescimento da importância das políticas de ESG no mercado, a governança deve deixar de ser apenas um diferencial para se tornar um pilar mandatório da economia, sobretudo no cenário de grandes empresas que desejam atrair investimentos, garantir uma relação de transparência com seus stakeholders e uma competição saudável – que, inclusive, abre espaço para parcerias – com concorrentes.

- **Inovação na base da gestão pública**

  Finalmente, a voz da inovação crescerá também na gestão pública por meio das smart cities que já começam a desempenhar um papel importante, inclusive no Brasil, por meio, por exemplo, da utilização de novas tecnologias para a redução de gastos hídricos, controles de trânsito e políticas de desenvolvimento urbano sustentável.

Oportunidades que geram responsabilidades: os desafios do amanhã

Naturalmente, todo esse contexto de transformações traz consigo desafios e pontos que merecem uma reflexão:

- Como fomentar ainda mais a inclusão digital?

- Como garantir que os trabalhadores se familiarizem com a tecnologia e permaneçam ativos em um cenário de avanço da automação?

- Como estabelecer políticas e ações que favoreçam uma aplicação positiva da inteligência artificial – sobretudo quando ela alcançar paridade em termos de tomada de decisões nas empresas e na sociedade?

- Como incentivar o desenvolvimento tecnológico atrelado à preservação ambiental?

- Como incluir mais mulheres, negros e grupos minoritários nos ecossistemas de inovação?

Na minha visão, ainda que a passos que poderiam e deveriam ser mais ágeis, a economia caminha para um cenário positivo do ponto de vista da inclusão, democratização, transparência e da indispensável atenção ao meio ambiente. Para que possamos responder a essas questões e, consequentemente, superarmos as problemáticas atuais e do amanhã, é imperioso uma participação conjunta de todos: governos, cidadãos e, nós, executivos, empreendedores e lideranças atuantes e participantes ativas desse novo mercado que se descortina.

O futuro depende dessa ação conjunta e teremos, de fato, um ambiente socioeconômico melhor e mais saudável quando soubermos abraçar valores fundamentais de humanismo e consciência social que precisam ir além do discurso e serem adotados como uma filosofia.

CAPÍTULO XVI

A REVOLUÇÃO DA INTELIGÊNCIA ARTIFICIAL: O BOOM QUE ESTÁ TRANSFORMANDO TUDO

A inteligência artificial é o coração de uma nova revolução industrial.
(Satya Nadella, CEO da Microsoft)

A Inteligência Artificial (IA) deixou de ser apenas uma tecnologia de nicho para se tornar um motor transformador da economia global. O que antes parecia futurista, hoje já impacta profundamente a forma como vivemos, trabalhamos e conduzimos negócios. Esta revolução não é apenas tecnológica; ela está moldando uma nova era de possibilidades para empreendedores, empresas e consumidores.

A Era da IA Generativa

Nos últimos anos, modelos de IA generativa, como ChatGPT, MidJourney, DALL-E e Stable Diffusion, ganharam destaque. Essas ferramentas não apenas processam dados, mas também criam conteúdo, interagem de forma inteligente e aprendem continuamente. Elas estão sendo usadas para:

- **Automação de tarefas repetitivas:** Atendimento ao cliente, gestão de e-mails e até geração de relatórios são áreas onde a IA já é amplamente empregada.

- **Criação de conteúdos únicos:** Empresas estão utilizando IA para gerar textos, imagens, vídeos e até campanhas publicitárias inteiras, economizando tempo e dinheiro.

- **Inovação em design e artes:** Artistas e designers adotam ferramentas como MidJourney para explorar ideias e criar obras que combinam criatividade humana e algorítmica.

A IA no Cotidiano

A IA está mais acessível do que nunca. Grandes empresas como Google, Microsoft e OpenAI estão incorporando IA em ferramentas que usamos diariamente. Exemplos incluem:

- **Microsoft Copilot:** Integrado ao pacote Office, ajuda usuários a redigir documentos, criar apresentações e analisar dados com mais eficiência.

- **Google Bard:** Um assistente baseado em IA que permite buscas contextuais e cria resumos detalhados.

- **Aplicativos móveis e serviços on-line:** Ferramentas como Grammarly e Notion AI ajudam a melhorar a produtividade pessoal e profissional.

A democratização dessas tecnologias significa que pequenas empresas e empreendedores agora têm acesso a ferramentas que antes estavam disponíveis apenas para gigantes da indústria.

Impactos Econômicos

O impacto da IA na economia é significativo. Em 2023, estima-se que o mercado global de IA tenha movimentado mais de **US$ 500 bilhões**, com projeções de ultrapassar **US$ 1 trilhão** até 2030.

Setores transformados pela IA:

- **Saúde**: Diagnósticos mais precisos, telemedicina com assistentes inteligentes e tratamentos personalizados.

- **Educação**: Plataformas de aprendizado adaptativo e professores virtuais que ajustam conteúdos às necessidades dos alunos.

- **Marketing e Varejo**: Segmentação de clientes baseada em análise preditiva e personalização de experiências de compra.

- **Indústria**: Automação de fábricas, redução de desperdícios e otimização de cadeias logísticas.

Esses avanços criam oportunidades inéditas para empreendedores que desejam liderar em mercados emergentes.

IA e a Democratização da Inovação

Antes restrita a grandes corporações, a IA agora está disponível para startups e pequenas empresas graças à computação em nuvem e APIs acessíveis. Plataformas como OpenAI, Hugging Face e AWS AI Services fornecem ferramentas que permitem a qualquer pessoa integrar IA em seus produtos e serviços.

Empreendedores podem:

- Lançar **chatbots inteligentes** para atendimento ao cliente;

- Utilizar **modelos preditivos** para entender tendências de mercado;

- Criar **aplicativos baseados em visão computacional** para setores como moda, saúde e segurança;

- O custo de entrada para empreender com IA nunca foi tão baixo.

Desafios Éticos e Regulatórios

Com grande poder vêm grandes responsabilidades. O uso da IA levanta questões éticas e regulatórias que precisam ser enfrentadas:

- **Privacidade de dados:** Como as empresas garantem que os dados de seus usuários sejam protegidos?

- **Viés algorítmico:** Como evitar discriminação nas decisões tomadas por modelos de IA?

- **Regulamentação:** Governos ao redor do mundo, como a União Europeia, já discutem legislações específicas para garantir o uso seguro e responsável da IA.

Para empreendedores, essas são áreas que exigem atenção. A adoção ética da IA não é apenas uma obrigação moral, mas também uma vantagem competitiva.

O Futuro com a IA

A IA continuará a transformar indústrias e criar novos paradigmas econômicos. Algumas tendências para o futuro incluem:

- **IA colaborativa:** Modelos que trabalham lado a lado com humanos, ampliando nossas capacidades em vez de substituí-las.

- **IA como criadora de empregos**: Contrariando temores iniciais, a IA já está criando novos mercados e funções, como engenheiros de prompts e especialistas em integração de IA.

- **Soluções globais**: Ferramentas de IA estão ajudando a enfrentar desafios globais, como mudanças climáticas, fome e saúde pública.

Empreendedores que abraçarem essas tendências terão a chance de liderar a próxima grande onda de inovação.

Conclusão

A revolução da Inteligência Artificial já começou, e seu impacto é inevitável. Para empreendedores, a IA representa uma oportunidade única de liderar em um mercado em transformação. No entanto, com o potencial vem a responsabilidade de adotar a tecnologia de maneira ética, inovadora e centrada nas pessoas.

O boom da IA não é apenas sobre avanços tecnológicos. É sobre como podemos reimaginar o mundo, os negócios e as nossas próprias capacidades para criar um futuro mais inteligente, colaborativo e inovador.

Você está pronto para aproveitar esta revolução?

CONCLUSÃO

BE BOLD: ESTEJA PRONTO PARA ASSUMIR SEU DESTINO

> *Não crie limites para si mesmo. Você deve ir tão longe quanto sua mente permitir. O que você mais quer pode ser conquistado.*
> (Mary Kay Ash)

E por falar em filosofia, chegamos ao fim de nossa jornada. Espero que você tenha gostado de embarcar comigo ao longo deste livro em que exploramos, sob diferentes aspectos, os mares da inovação, por quais rotas eles deságuam no mercado atual e de que forma eles já estão construindo o mercado do futuro.

Para concluir, reforço aqui os principais pilares de nossa filosofia que discutimos no decorrer dos 15 capítulos em que dividi contigo algumas de minhas ideias, frutos tanto da observação do mercado e pesquisa, quanto de minha experiência de mais de 20 anos do segmento de tecnologia. Claramente, o livro se ancora na inspiração de diversas lideranças como Steve Jobs, Jeff Bezos, Luiza Trajano e Satya Nadella, além de leituras e estudos de autores como Nassim Taleb e Jason Fried.

Segue então um resumo objetivo dos pilares que orientaram a construção desta jornada:

- Enquanto líderes, precisamos entender que a sociedade, o ambiente de negócios e o mercado de trabalho estão em pleno movimento de transformação. Tais forças, por sua vez, nos impelem para a construção de trajetórias de carreira mais independentes;

- Para tanto, precisamos de coragem e proatividade para mudar, mergulhar na disrupção e assumir posturas empreendedoras (seja em nossos próprios negócios ou nas companhias em que atuamos);

- Precisamos assumir e fomentar a perspectiva de que o universo do empreendedorismo é diverso, se constrói a partir de diferentes jornadas e deve incluir e gerar oportunidades para todos;

- Para tanto, a abertura para o aprendizado contínuo é o primeiro passo dentro de uma trajetória em que deixamos de ser coadjuvantes, para sermos protagonistas do processo de transformação;

- Nesse processo, devemos colocar a pele em jogo, encarar erros como fontes de aprendizado e situações críticas como potenciais cenários para o desenvolvimento de novas soluções capazes de beneficiar a sociedade;

- Devemos também sair de nossas zonas de conforto, manter um olhar ativo para o mercado e suas mudanças e nunca nos estagnarmos sob o risco de nos tornarmos obsoletos;

- É preciso ainda fomentar ambientes em que seres humanos e máquinas trabalhem em conjunto e elevem o potencial criativo de cada um de nós, tendo ainda a certeza de que a democratização do acesso à tecnologia é primordial para um mercado mais justo;

- E por falar em justiça, jamais devemos esquecer da importância de nos mantermos de olhos abertos para as novas pautas sociais, fomentando um mercado mais inclusivo, ético e responsável com o meio ambiente;

- Por fim, entender tudo isso é basicamente entender que a mudança é contínua e deve ser uma fonte de evolução e de antifragilidade para todos.

Observando tais princípios, não tenho dúvidas de que nos tornaremos mais fortes para assumirmos a proa de nossos destinos em um mercado disruptivo. Você está pronto para ser o líder de sua história? Be Bold!

POSFÁCIO

Se você chegou até aqui, com certeza está tão fascinado com este livro quanto eu. Falo isso com conhecimento de causa, pois já trabalhei com Mozart Marin quando iniciei minha carreira no mercado de tecnologia. Naquela época, eu era um estagiário muito interessado em aprender, mas sem nenhum conhecimento prático neste mercado. Tive a sorte de trabalhar com pessoas fantásticas que me acolheram e me incentivaram, e Mozart foi uma dessas pessoas.

Lendo o livro, ficou claro para mim como ele explorou muito bem a transição entre executivo e empreendedor, colocando em prática vários conceitos técnicos e inovadores que ajudaram diversas empresas e empresários ao longo do caminho. Ele destaca de forma brilhante todos os aspectos fundamentais dessa transição, em especial a necessidade de romper com o "velho" para abrir espaço para o "novo", mas sempre aproveitando o que faz sentido manter e descartando o que não contribui.

Uma coisa que ele aborda também nesta belíssima obra é a quebra de paradigma, o que me fez relembrar as aulas de TGA (Teoria Geral da Administração) no curso de graduação que cursei na Strong Business School. Este conteúdo faz parte da Escola de Administração Científica e foi introduzido por Thomas Kuhn em seu livro *A Estrutura das Revoluções Científicas*, publicado em 1962. Nesse livro, Kuhn explica que a quebra de paradigma é o processo de substituir um conjunto de crenças, métodos e/ou padrões estabelecidos (paradigmas) por outro completamente novo.

O mais interessante sobre esse conceito, na minha visão, são as anomalias: problemas que o estado atual das coisas não consegue solucionar e que, em decorrência disso, geram crises. Para os empreendedores, crises são oportunidades de criação de negócios; para os investidores, isso é o que chamamos de tese de investimentos. Nesse contexto, também podemos observar o contraditório: incumbentes e/ou executivos de empresas tradicionais que buscam manter seus negócios de forma perene, evitando grandes mudanças (e riscos).

Diante desse cenário, a dialética se torna essencial nos negócios. O executivo, para se manter competitivo, precisa empreender, enquanto o empreendedor, para sustentar sua empresa e gerar retorno para todos os stakeholders, precisa implementar processos, governança e outros mecanismos que permitam capturar valor e dar longevidade ao negócio. Assim, os papéis se invertem, o ciclo recomeça, e isso ocorre desde que os vikings cruzaram os oceanos e a Companhia das Índias passou a buscar rotas comerciais com o Oriente.

A grande novidade nesse contexto vem dos avanços tecnológicos, da abundância de capital de risco e do acesso à informação, encapsulados no conceito de Big Data com suas cinco características principais, os chamados 5 Vs: Volume, Variedade, Veracidade, Velocidade e Valor. Entretanto, há um fator que adiciona uma complexidade fascinante: tudo o que chamamos de empresa gira em torno de pessoas. Afinal, no final das contas, empresas são organizações humanas institucionalizadas por meio de uma ficção jurídica. Esse termo, oriundo do direito, me veio novamente à mente ao recordar as aulas dessa disciplina na mesma universidade já mencionada. Segundo esse conceito, uma empresa é uma pessoa jurídica formada por uma ou mais pessoas físicas, com objetivos específicos, direitos e deveres próprios.

Para concluir, acredito que todos os leitores, assim como eu, puderam aprender e/ou relembrar, com a ajuda desta obra, uma série de conceitos. Mais importante ainda, é possível seguir este mapa em direção a transições mais suaves e planejadas, ao invés de navegar à própria sorte, como os vikings fizeram no passado.

Robson Del Fiol

Pós-graduado em Gestão Estratégica e Econômica pela FGV e graduado em Administração pela Strong Business School, sócio e Diretor de Canais da Skyone e ex-sócio da KPMG Brasil responsável por transformação digital e ecossistema de startups. Com mais de 20 anos de experiência nas áreas de vendas B2B, Marketing Digital, Inovação e com certificação de Conselheiro de Administração de Empresas pelo IBGC (Instituto Brasileiro de Governança Corporativa), fundou uma startup que foi incorporada por um grupo francês, investidor anjo serial, tem expertise excepcional em startups, venture capital, novos modelos de negócio e venda de software, na América Latina e Brasil, onde mora hoje com sua esposa e dois filhos além da sua pug (filha de patas). No tempo livre, Robson ama leitura de biografias, filmes, música, musculação e viajar para praticar seu segundo (inglês) e terceiro (espanhol) idiomas.